化工企业管理

贺海明　向青和　贾才兴　**主　编**
汪媛媛　王晓霞　**副主编**

煤炭工业出版社
·北　京·

图书在版编目（CIP）数据

化工企业管理/贺海明,向青和,贾才兴主编.—
北京:煤炭工业出版社,2016
ISBN 978-7-5020-5170-9

Ⅰ.①化… Ⅱ.①贺… ②向… ③贾… Ⅲ.①化工企
业-工业企业管理-高等职业教育-教材 Ⅳ.①F407.7

中国版本图书馆 CIP 数据核字(2016)第 025566 号

化工企业管理

主　　编	贺海明　　向青和　　贾才兴
责任编辑	刘少辉
责任校对	郭浩亮
封面设计	马慧慧

出版发行　煤炭工业出版社(北京市朝阳区芍药居 35 号　　100029)
电　　话　010-84657898(总编室)
　　　　　010-64018321(发行部)　　010-84657880(读者服务部)
电子信箱　cciph612@126.com
网　　址　www.cciph.com.cn
印　　刷　北京市迪鑫印刷厂
经　　销　全国新华书店

开　　本　787mm×1092mm$\frac{1}{16}$　印张　6.75　字数　152 千字
版　　次　2016 年 1 月第 1 版　2016 年 1 月第 1 次印刷
社内编号　7854　　　　　　　　定价　29.00 元

前　言

　　现代化学工业是国民经济的支柱产业。化学品已经渗透到人们衣、食、住、行各个方面,应用到工、农、医疗卫生、文化教育、休闲娱乐等各行各业。可以说,一个国家现代化学工业的发展情况,表征了这个国家的现代化程度。现代史表明:任何国家的强盛,都离不开现代化的化工产业。

　　山东省目前拥有规模以上化工企业近万家,经济总量与经济效益位居全国首位。十八大召开后,随着国家以保护优先为基本特征的生态文明建设战略的实施,大量化工企业在资源保障、节能减排、淘汰落后、环境保护、安全生产等方面,面临着严峻的挑战。化工生产如何实现安全优质、高产低耗、环境友好的目标;如何实现企业做大、做强、做精、做优的经营战略;如何改变现在员工整体素质偏低、责任关怀意识淡薄、功利化倾向严重、环境与发展矛盾突出的问题,是每一个"化工人"都需要面对的严峻任务。

　　培养具有责任关怀意识、质量意识、6S 管理理念和创新精神的现代化化工产业从业者,是我们编写《化工企业管理》的初衷与目的。本书由东营科技职业学院与企业合作共同编写,以企业为主拟定编写大纲,由教师与企业共同提出各项目的编写方案,重在解决现代化工企业管理中的实际问题,强调法治、绿色、创新的管理理念。

　　教材内容编排上实行"项目导向,任务驱动"的模式。全书共设计了七个情境,共计十六个学习型工作任务。主要内容有:认识化工企业管理、化工企业组织管理、化工企业人力资源管理、化工企业生产管理、化工企业设备管理、化工企业QHSE 管理、化工企业生产成本管理。每个任务都设计了任务介绍、任务分析、相关知识、任务实施、任务评价、归纳总结、课后训练题等内容,力求图文并茂,生动活泼。

　　全书凝聚东营科技职业学院"化工企业管理"教学团队与合作企业的集体智慧。贺海明、贾才兴、向青和教授担任主编,汪媛媛、王晓霞担任副主编。其中情境一由贺海明编写,情境二由贾才兴编写,情境三由李朝辉编写,情境四由汪媛媛编写,情境五由朱婷婷编写,情境六由王晓霞编写,情境七由向青和编写,全书由贺海明拟定大纲,贾才兴老师进行统稿。

本书在编写过程中得到了江山联合化工集团李国旗等技术人员的大力支持,葛兴明、崔玲、贾顺杰等老师给本书也提了很多建议,在此一并表示感谢。

限于编者水平及掌握的资料有限,难免有不足之处,敬请应用此书的老师和同学们斧正,共同推进化工企业管理教学与研究的进展。

编　者
2016 年 1 月

目 录

任务 认识化工企业中的常见管理问题

　　化工企业是指生产过程主要表现为化学反应过程的生产企业。化工企业管理是在化工生产过程中，利用企业现有资源，以合适的手段、方法，在保证安全、文明生产的前提下，进行的生产组织管理。化工企业管理贯穿于生产全过程，是全员参与的管理过程。

　　图1-1为某石化企业厂区一角示意图。我国的化工行业是二十世纪六十年代以来新兴的行业，伴随着国民经济的发展，化工行业迅速成为国家支柱产业，并且朝着"大型、先进、系列、自动化"的方向发展。化工因其工艺及产品的特殊性，一旦发生事故其损失相当严重，不仅影响装备的正常运行，而且还会造成重大伤亡事故。而目前国内中小规模化工企业占比90%以上，因此做好化工企业的管理，对企业来说就是最大的效益。

图1-1　某石化企业厂区一角

一、任务介绍

主要任务：
结合媒体上的宣传报道，利用教材中的相关知识，说明化工企业中有哪些管理问题？

知识目标：
1. 掌握化工企业管理的内容；
2. 掌握化工企业生产的特点与管理要求。

能力目标：
能对化工企业管理方面的问题进行分析与归集。

素质目标：

完成任务的态度、完成任务的质量、知识应用能力、书面表达能力、语言表达能力、与人合作能力。

二、任务分析

做好化工企业管理，必须掌握化工企业管理的基础知识，重点掌握化工企业生产过程中的特点和管理上的相关要求。

三、相关知识

1. 化工企业管理的内容

化工企业因其生产的特殊性，因此管理的内涵不仅包含组织管理、人力资源管理等，也包括生产管理、设备管理、安全管理环保管理、生产成本管理、质量管理等。

（1）组织管理

化工企业要根据企业自身的情况、设置适合自己的、高效的组织结构形态，决策简便、快速，能够使各方面有效地沟通，各方面责、权、利关系明确。

（2）人力资源管理

重视操作人员和管理人员的教育培训工作；做好特种操作岗位的岗前培训与持证培训；采用科学方法，对员工与班组实行绩效考核、业绩动态监测，以此调动员工与班组工作的积极性与创造性。

（3）生产管理

化工企业在制订完生产经营计划后，要求各生产单位相应制订详细的实施方案，将生产计划中的生产任务按照时间分解到月、日、班，按照空间分解到车间、班组、个人；加强生产控制管理，保证生产装置按照操作规程平稳操作，稳定生产；在生产现场要贯彻整理（SEIRI）、整顿（SEITON）、清扫（SEISOU）、清洁（SEIKETSU）、素养（SHITSUKE）5S 现场管理，实现对人员、设备、材料等生产要素的有效管理。

（4）设备管理

确保设备的良好使用状态；及时、正确的检修管理；落实设备维护中的专机专责制或包机制；坚持"五定"和"三级过滤"（"五定"即定人、定点、定质、定量、定时；"三级过滤"为从领油大桶到岗位储油桶、岗位储油桶到油壶、油壶到加油点），做好文明生产。

（5）质量管理

加强化工生产经营过程的质量控制，保证检测设备状况良好，适应化工生产对仪表自动化程度越来越高的要求，把好物料质量关，建立严格的管理控制责任制度，做好安全生产。

（6）安全管理

落实特种作业资格证等执业资格证书制度，通过作业许可，办理作业许可证，确保对关键活动和任务的控制；严格执行国家相关法律、行业与企业规章制度。

（7）环保管理

特别加强装置开停工或检修阶段的环保管理，重点做好大检修阶段的环保管理。要进行作业前危害辨识、采取削减措施并严格落实措施，确保各项工作在环保方面可预计及可控。

（8）生产成本管理

要按照化工企业在联合生产过程中的特点，正确编制生产预算，制订生产成本，严格控制，使生产项目在额定的预算范围内，按时、按质、经济、高效地完成各项生产任务，最大限度地挖掘企业的降本增效潜力。

2. 化工企业生产的特点与管理要求

截至 2012 年，我国共有化工企业 23082 家，其中大型企业 530 家，占行业比重的 2.3%；中型企业 2421 家，占行业比重的 10.49%，小型企业 20131 家，占行业比重的 87.22%。虽然企业规模大小不一，但它们都有众多共性存在。

（1）生产的连续性

化工企业的生产具有连续性。随着社会对化工产品品种和数量需求量的变大，化工企业向着大型的现代化联合企业方向发展，其生产具有高度的连续性，不分昼夜、长周期连续作业。在一个联合企业内部，厂际之间、车间之间，管道互通，原料产品互相利用，组成一个不可分割的有机整体。在管理上，必须全面考虑生产的各个环节，恰当的优化、安排装置的生产计划。

（2）生产的危险性

化工生产使用的原料、半成品及产品大多具有高温、高压、易燃、易爆、有毒、有害等特点，因此对于产品的储存与运输都有特殊要求。在管理上，应防止油气泄漏，保持良好的通风，严格控制火源，注意防火、灭火措施，同时加强设备的日常维护与人员的安全教育培训。

（3）生产的高技术要求

化工企业的生产，技术相对复杂，设备多而成套，工艺线路繁琐，生产中必须一步步严格按照工艺参数执行，不同于单一的设备操作。在管理上，应正确确定产品加工方案，严格执行操作规程，利用仪器仪表监控各种工艺参数，提高生产的自动化程度，保证产品质量、均衡生产。

（4）生产的环境保护管理

化工企业三废多，污染严重，往往对周边环境及从业人员都具有危害性。在管理上，应当尽可能有效的管控污染、降低危害，有效地落实安全措施，保护环境。

四、任务实施

任务实施可按照任务布置、准备、执行、评价、验收五个阶段进行（见图 1-2）。

五、任务评价

注：1. 本任务中落实 PDCA（策划-实施-检查-处置）方法。

2. 任务单：任务单的内容包括完成任务需要的知识、计划安排和结果的描述等。

3. 分组开展活动中，小组长负责主持首次和末次会议、进行分工、协调工作，组织小组成员得出正确结论、履行小组成员的任务与职责；小组成员参与任务的讨论沟通、活动的开展并按时完成任务、相互配合完成工作、完成老师或组长安排的各项工作。

4. 首次讨论的内容：学生讨论实施计划，初步确定实施的方法与程序，得出初步结果；发言代表汇报任务完成情况；教师讲授并指导。

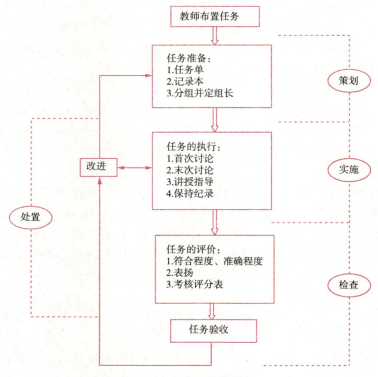

图 1-2　任务实施流程图

5. 末次讨论的内容：教师个体指导；学生讨论、提问、修改、完善结果；发言代表进行终结性汇报。

6. **任务的评价**：教师评价学生任务的实施情况及其计划的符合程度、与标准的符合程度；对完成出色的个人及小组进行表扬；归纳总结知识点的同时，教师和学生用"完成任务情况考核评分表"进行评价（见表 1-1）。

7. **任务的验收**：教师对结果准确的小组进行肯定性验收签字。

表 1-1　完成任务情况考核评分表

班级：　　　　　　　姓名：　　　　　　　任务名称和任务号：

序号	评价项目	评价要点	分值(M_i)	评分等级（K_i）				
				A 1	B 0.8	C 0.7	D 0.6	E 0.5	打分
1	准备	知识应用正确性	3						
		书面表达严谨性，考虑问题全面性	3						
		计划可行性	3						
2	执行	主动地、认真而努力地、负责地完成工作	2						
		与人合作的能力	2						
		课上发言的积极性	2						
		服从教师的安排	2						

序号	评价项目	评价要点	分值(M_i)	评分等级(K_i)					
				A 1	B 0.8	C 0.7	D 0.6	E 0.5	打分
3	评价	实施的结果与计划符合程度	10						
		实施的结果与标准符合程度	10						
4	改进	修正结果的及时性	3						
总计(Σ)									

注：1. 权重 40，其中学生自评 19 分，教师评价 19 分，与人合作 2 分由组长负责评定；
2. 每个项目的评价要点都分为 5 各等级：优秀、良好、中等、合格、不合格；
3. 总分 $= \Sigma M_i \cdot K_i$。

六、归纳总结

化工企业管理是在化工生产过程中，利用企业现有资源，以合适的手段、方法，在保证安全、文明生产的前提下，进行的生产组织管理。化工企业管理内容包括组织管理、人力资源管理、生产管理、设备管理、质量管理、安全管理、环保管理、生产成本管理等。由于化工企业生产的特殊性，生产中对于安全的要求远高于其他行业，因此必须在做好风险控制的基础上追求生产效益，这也是化工企业 QHSE 管理的核心。

七、课后训练

1. 知识训练题

（1）化工企业管理内容有哪些？

（2）化工企业生产的特点是什么？有哪些管理上的要求？

2. 能力训练题

请就学校周边化工企业的经营状况展开调查，分析存在的主要问题，并提出解决方案。

情境二　化工企业组织管理

（情境二）

任务一　化工企业基层单位组织机构的设计

　　组织机构是组织的基本架构，是对完成组织目标的人员、工作、技术和信息所作的制度性安排。一个组织要能够高效率地正常运转，必须有一个分工的明确、责权利清晰、而且能协作配合的组织机构。

一、任务介绍

　　东营某石化有限公司根据企业自身的性质、规模、经营特点与管理方式确定采用直线职能制组织机构结构图（如图 2-1 所示）。其中生产部下设 200 万吨/年常减压车间、100 万吨/年延迟焦化车间和 80 万吨/年加制氢车间。延迟焦化车间共有员工 42 人，设车间主任和书记各 1 人，生产主任 1 人，技术主任 1 人，设备主任 1 人，安全监督 1 人。其中技术主任分管技术组，由若干技术员组成；设备主任分管设备组，有若干设备员组成；生产主任分管 4 个生产班组，每个生产班组由班长、副班长、运转工程师、内操、外操、外围岗组成。

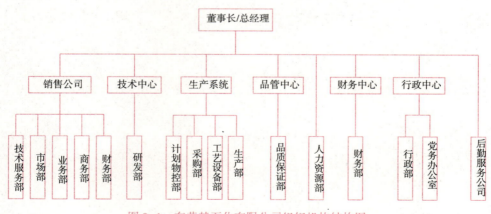

图 2-1　东营某石化有限公司组织机构结构图

主要任务：

根据上述案例和教材中的相关知识，绘制延迟焦化车间直线职能组织机构结构图。

知识目标：

1. 掌握组织机构设置原则；

2. 掌握石化企业车间的组织机构形式。

能力目标：

能够绘制石化企业生产部门组织机构结构图。

素质目标：

完成任务的态度、完成任务的质量、知识应用能力、书面表达能力、语言表达能力、与人合作能力。

二、任务分析

完成上述任务，必须先掌握组织机构的相关概念、组织机构设置原则和企业车间组织机构形式。

三、相关知识

1. 组织机构相关概念

（1）组织

组织是实现既定目标的手段，是静态的社会实体和动态的组织活动过程两个系统的统一。动态活动过程的组织是把人、财、物和信息，在一定时间和空间范围内进行合理有效组合的过程。静态的社会实体是把动态组织活动过程中合理有效的配合关系相对固定下来所形成的组织结构模式。

（2）组织机构

组织机构是一个组织的载体和支撑，是组织的基本架构，是对完成组织目标的人员、工作、技术和信息所作的制度性安排。一个组织要能够高效率地正常运转，必须有一个分工的明确、责权利清晰、而且能协作配合的组织机构。

（3）组织设计

组织设计是对组织的机构和活动进行创构、变革和再设计。目的创构可以根据组织内外环境的变化而进行灵活调整和变动的组织机构，能够在组织演化成长的过程中，有效积聚新的组织资源，同时协调好组织中部门与部门之间、人员与任务之间的关系，使员工明确自己在组织中应有的权力和应担负的责任，有效地保证组织活动的开展，最终保证组织目标的实现。

组织设计的任务是设计清晰的组织机构，规划和设计组织中各部门的职能和职权，明确组织中职能职权的活动范围并编制职务说明书。化工企业要根据企业自身的情况、设置适合自己的、高效的组织结构形态，决策简便、快速，能够使各方面能有效地沟通，各方面责、权、利关系明确。

2. 组织机构的设置原则

化工企业组织机构设置、职责划分、人员配备应根据化工企业的性质、规模、经营特点与管理方式来确定，应该遵循一些最基本的原则。

7

（1）专业分工原则

要按专业的原则设计部门和确定归属，同时要有利于组织单元之间的协作。

（2）统一指挥原则

统一指挥原则就是要求每位下属应该有一个并且仅有一个上级，要求在上下级之间形成一条清晰的指挥链。

（3）控制幅度原则

管理层级与管理幅度的设置受到组织规模的制约，在组织规模一定的情况下，管理幅度越大，管理层次越少。管理层级的设计应在有效控制的前提下尽量减少管理层级，精简编制，促进信息流通，实现组织扁平化。

（4）分工明确原则

要"因事设岗"，而不能"因人设岗"，企业各组织机构及各岗位人员的职责和任务应明确，指挥体系应高效、健全，信息传达的渠道应畅通，避免出现管理职能空缺、重叠或互相扯皮现象。

（5）适度超前原则

所谓适度超前原则，是指组织的各个部门、各个人员都是可以根据组织内外环境的变化而进行灵活调整和变动的，以适应当前以及未来的发展战略等。并且，随着企业的成长与发展，组织结构应有一定的拓展空间。

3. 企业组织机构形式

（1）直线制

直线制是企业发展初期一种最简单的组织结构，如图2-2所示。

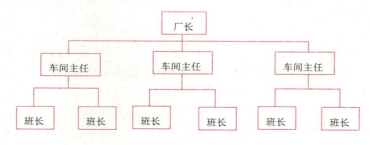

图2-2　直线制组织结构图

特点：领导的职能都由企业各级主管一人执行，上下级权责关系呈一条直线。下属单位只接受一个上级的指令。

优点：结构简化，权力集中，命令统一，决策迅速，责任明确。

缺点：没有职能机构和职能人员当领导的助手。在规模较大、管理比较复杂的企业中，主管人员难以具备足够的知识和精力来胜任全面的管理，因而不能适应日益复杂的管理需要。

这种组织结构形式适合于产销单一、工艺简单的小型企业。

（2）职能制

职能制组织结构与直线制恰恰相反。它的组织结构如图2-3所示。

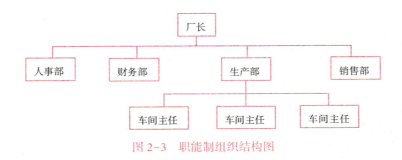

图 2-3　职能制组织结构图

特点：企业内部各个管理层次都设职能机构，并由许多通晓各种业务的专业人员组成。各职能机构在自己的业务范围内有权向下级发布命令，下级都要服从各职能部门的指挥。

优点：不同的管理职能部门行使不同的管理职权，管理分工细化，从而能大大提高管理的专业化程度，能够适应日益复杂的管理需要。

缺点：政出多门，多头领导，管理混乱，协调困难，导致下属无所适从；上层领导与基层脱节，信息不畅。

（3）直线职能制

直线职能制，又称直线参谋职能制，如图 2-4 所示。

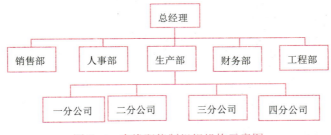

图 2-4　直线职能制组织机构示意图

特点：直线职能制是指在组织内部，既设置纵向的直线指挥系统，又设置横向的职能管理系统，建立以直线指挥系统为主体的两维的管理组织。全部机构和人员可以分为两类：一类是直线机构和人员；另一类是职能机构和人员。直线机构和人员在自己的职责范围内有一定的决策权，对下属有指挥和命令的权力，对自己部门的工作要负全面责任；而职能机构和人员，则是直线指挥人员的参谋，对直线部门下级没有指挥和命令的权力，只能提供建议和在业务上进行指导。

优点：各级直线领导人员都有相应的职能机构和人员作为参谋和助手，因此能够对本部门进行有效的指挥，以适应现代企业管理比较复杂和细致的特点；而且每一级又都是由直线领导人员统一指挥，满足了企业组织的统一领导原则。

缺点：职能机构和人员的权利、责任究竟应该占多大比例，管理者不易把握。直线职能制在企业规模较小、产品品种简单、工艺较稳定又联系紧密的情况下，优点较突出；但对于大型企业，产生或服务品种繁多、市场变幻莫测，就不适应了。

目前大型化工企业车间组织均采用这种组织模式。

四、任务实施

任务实施可按照任务布置、准备、执行、评价、验收五个阶段进行，可参照学习情景一的任务实施步骤进行。

五、任务评价

参照学习情景一的任务评价标准执行。

六、归纳总结

化工企业基层单位要依据组织机构设置的原则来选择适合自己的、高效的组织结构形式。车间组织机构普遍采用直线职能制模式，车间设职能组，并都有权在各自业务范围内向下级下达命令。本次任务要求绘制化工企业车间组织机构示意图。

七、课后训练

1. 知识训练题

（1）组织机构设计的原则有哪些？

（2）化工企业车间常采用哪种组织结构形式？这种形式有何特点？

2. 能力训练题

选择学校周边的一家化工企业进行调研，了解该企业车间的组织结构，画出其车间组织结构图。

任务二　化工企业生产班组文化构建

国家的富强离不开经济的繁荣，而经济的繁荣必定是随着企业的繁荣而起，企业的兴旺由管理来决定，管理的灵魂就是企业文化！

某石化企业的文化墙如图2-5所示。

图2-5　某石化企业文化墙

企业文化是企业中不可缺少的一部分，优秀的企业文化能够营造良好的企业环境，提高员工的文化素养和道德水准，增强企业的吸引力、凝聚力和向心力，充分调动职工的积极性、主动性和创造性，增强职工的事业心和责任心，形成企业发展不可或缺的精神力量和道德规范，从而促进企业快速健康发展。

一、任务介绍

某石化企业文化精神如下：

精诚建业　共赢发展　敢于负责　勇于创新

精诚建业："精"，寓意高标准、严要求、重细节，展示精心成业和精细化管理的导向；"诚"，折射出人文精神，指为人做事诚实笃信。

共赢发展：以人为本，合作共赢。"共赢"与"发展"彼此支撑，没有"共赢"，很难真正凝聚团队；没有"发展"，也达不成真正的"共赢"。

敢于负责：对社会、消费者、合作伙伴和内部员工等主动承担责任，生产优质产品，诚信经营，为社会创造更多价值。要做一个坚定自信的人、乐意付出的人、敢于担当的人，积极对社会、企业、家庭、朋友和自己负责任。同时遵章守纪，爱岗敬业，关爱照顾亲朋好友，追求自我人格的完善和提高。

勇于创新：要有大胆开拓、不断创新的精神。"勇于创新"以敢于负责为前提，在企业生产经营管理的各个环节，大到体制、机制和观念等的创新；小到技术改造、行为方式等的创新。企业和员工只有敢于负责、积极实践、主动变革、推陈出新，才能立足实际、不断突破。

主要任务：

根据上述企业文化精神，提炼该石化企业生产班组文化精神。

知识目标：

1. 了解企业文化内涵；

2. 掌握文化结构及内容。

能力目标：

能提炼化工企业基层生产班组核心层文化。

素质目标：

完成任务的态度、完成任务的质量、知识应用能力、书面表达能力、语言表达能力、与人合作能力。

二、任务分析

完成上述任务，需要先了解企业文化内涵并掌握企业文化结构。

三、相关知识

1. 企业文化内涵

企业文化是企业在长期发展过程中形成的，为企业员工所共同认同和遵循的价值观、信念和行为方式。

企业文化由以下几个要素构成：企业的经营理念、企业精神、价值观念、行为准则、道德规范、企业形象以及全体员工对企业的责任感、归属感、荣誉感等。其中共同的价值观是企业文化的核心，企业精神是企业文化的灵魂。

企业文化是一种"硬管理"与"软约束"的有机统一。"硬"表现为对规章制度的创建，对文化环境的创建；"软"表现在重视创造风气，树立企业精神，培育组织成员的价值观念。企业文化的重要任务是增强群体的凝聚力。

2. 企业文化的结构

企业文化的结构，是企业文化系统内各要素之间的时空顺序、主次地位与结合方式。它表明了各个要素如何联系起来，形成企业文化的整体模式。企业文化的结构可以分为物质、行为、制度、精神四层次结构。最外层是企业文化的表层，即物质文化；第二层是幔层，也叫浅层，即企业行为文化；第三层是中层，即制度文化；第四层是核心层，即精神文化，如图2-6所示。

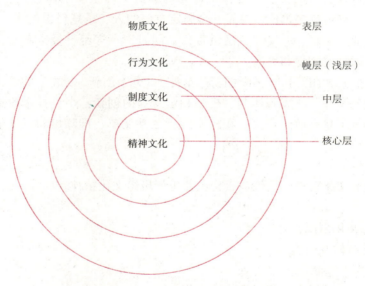

图2-6 企业文化结构示意图

（1）企业的物质文化

企业的物质文化是企业文化的物质层，是由企业职工创造的产品和各种物质设施等构成的器物文化，是以物质形态为主要表现的表层企业文化。包括企业生产环境、厂荣厂貌（见图2-7）、企业建筑、企业广告、产品结构、产品包装与设计等。

（2）企业的行为文化

企业的行为文化是企业文化的行为层，是企业员工在生产经营、学习、娱乐活动中产生的，包括企业经营、教育宣传、人际关系活动、文娱体育活动等。从人员结构上划分，包括企业家行为、企业模范人物的行为、企业一般员工的行为。

图 2-7　某石化企业的环境

【案例】某化工厂员工行为准则"十要十不准"

"十要"

1. 对待工作必须认真；
2. 对待同事必须友爱；
3. 对待公司财物必须爱护；
4. 对待有损公司利益的必须举报；
5. 对待自己工作中的错误必须面对；
6. 对待别人工作中的错误必须指出；
7. 必须保持岗位文明卫生；
8. 发现隐患必须及时报告；
9. 要有为公司发展献计献策的主人翁意识；
10. 要不断学习，敢于创新，提高自己的业务知识和服务技能。

"十不准"

1. 不准迟到早退旷工；
2. 不准擅自脱岗空岗；
3. 不准在上班时间里嬉戏打闹大声喧哗，吵架做不利于团结的事；
4. 不准泄露公司机密和资料；
5. 不准在公司拉帮结派，破坏团结；
6. 不准懈怠，违反公司的各项制度；
7. 不准无正当理由不服从上级的指示，越权行事独断专行、无事生非，扰乱工作秩序；
8. 注重个人形象，不准不按公司要求着装；
9. 服从管理，不准顶撞领导不准与同事争吵打架；

10. 工作时间内不准做与公司无关的事情，不得趴、躺在工作区域睡觉。

（3）企业的制度文化

企业的制度文化是企业文化的制度层，包括企业领导体制、企业组织结构和企业管理制度等方面。它是人与物、人与企业经营制度的结合部分，是一种约束企业和员工行为的规范性文化。企业制度文化是企业文化的重要组成部分，制度文化是一定精神文化的产物，它必须适应精神文化的要求，同时制度文化是精神文化的基础和载体，并对企业精神文化起反作用。企业文化总是沿着精神文化—制度文化—新的精神文化的轨迹不断发展、丰富和提高；物质文化是制度文化存在的前提，一定的物质文化只能产生与之相之相适应的制度文化；制度文化也是企业行为文化得以贯彻的保证。

【案例】某公司设备运行检修维护保养管理制度

1. 目的

为加强设备的管理，安全合理有效地发挥设备的功效，做到正确使用、精心维护，使设备经常处于良好的工作状态，以保证设备的安全稳定运转，特制定本制度。

2. 适用范围

本制度适用公司职工、临时工、外来人员、实习人员等。

3. 职责

3.1 操作人员

（1）培训后上岗，严格按操作规程进行设备的运行。

（2）设备执行"定人定机"的专机负责制，认真填写运行记录。

（3）认真做好设备润滑、维护保养工作。

（4）严格执行交接班制度。

（5）保持设备整洁，及时消除设备的跑冒滴漏等现象。

3.2 维修人员

（1）定时定点检查维护，并主动向操作工了解设备运行情况。

（2）发现故障及时消除，不能立即消除的故障，要详细记录，及时上报，并结合设备检修计划予以消除。

（3）认真做好设备维护保养工作。

3.3 车间领导、设备管理人员

（1）对设备维护保养制度贯彻执行情况进行监督检查。

（2）总结操作和维修工人的维护保养经验，改进设备管理工作。

4. 主要内容

4.1 设备的使用

4.1.1 为了保证设备的正常运行和延长设备的使用寿命，提高工人的操作技能，防止设备的非正常损坏，提高生产效率，必须实行定人定机和培训上岗的规定。①严格实行定人定机原则，由车间提出设备操作人员名单，经生产部同意执行。②设备操作人员应保持相对稳定，专人专机负责，并严格执行各工种安全操作规程，详见《设备安全操作规程》。③设备操作人员必须进行三级安全生产教育培训后，才可上岗工作。④设备的使用同时也要遵守《设备管理制度》。

（4）企业的精神文化

企业的精神文化是企业文化的精神层，是企业在生产经营过程中，受一定的社会文化背景、意识形态影响而长期形成的一种精神成果和文化观念、包括企业精神、企业经营哲学、企业道德、企业价值观念、企业风貌等内容，是企业意识形态的总和。企业精神文化是一种更深层次的文化现象，是企业物质文化和行为文化的升华，在整个企业文化系统中处于核心地位。某企业的精神文化如图2-8所示。

图2-8　某化工企业精神文化

四、任务实施

任务实施可按照任务布置、准备、执行、评价、验收五个阶段进行，可参照学习情景一的任务实施步骤进行。

五、任务评价

参照学习情景一的任务评价标准执行。

六、归纳总结

基层班组是企业组织生产、执行各项规章制度、落实企业意志和工作任务的最基本单元，是传承、创新、实践、发展企业文化的基石和重要载体，是企业文化管理的重要内容。优秀的班组文化对培养班组员工的优良品德和班组精神，有着至关重要的作用。化工企业生产班组文化的构建要充分考虑企业车间和班组生产实际，建立能体现企业文化的高效学习型、创新型班组。

七、课后训练

1. 知识训练题

（1）企业文化主要有哪几个要素构成？

（2）简述企业文化的结构。

（3）阅读下面材料，谈谈你对班组文化建设有何感想？

在雅典奥运会上，中国女排在冠军争夺赛中那场惊心动魄的胜利恰恰证明了这一点。意大利排协技术专家卡尔罗里西先生在观看中国女排训练后认为，中国队在奥运会上的成败很大程度上取决于赵蕊蕊。可在奥运会开始后中国女排第一次比赛中，中国女排第一主力、身高1.97m的赵蕊蕊因腿伤复发，无法上场了。媒体惊呼：中国女排的网上"长城"坍塌。中国女排只一场场去拼，在小组赛中，中国队还输给了古巴队，似乎国人对女排夺冠也不抱太大希望。然而，在最终与俄罗斯争夺冠军的决赛中，身高仅 1.82m 的张越红一记重扣穿越了 2.02m 的加莫娃的头顶，砸在地板上，宣告这场历时 2 小时零 19 分钟，出现过50 次平局的巅峰对决的结束。经过了漫长的艰辛的 20 年以后，中国女排再次摘得奥运会金牌。那么，中国女排凭什么战胜了那些世界强队，凭什么反败为胜战胜俄罗斯队？陈忠和赛后说："我们没有绝对的实力去战胜对手，只能靠团队精神，靠拼搏精神去赢得胜利"。

2. 能力训练题

调研学校周边的一家化工企业，描述该企业的行为文化和企业的精神文化。

"人力资源"一词最早出现在《管理的实践》一书中，由当代著名管理学家彼得·德鲁克（Peter F. Drucker）于1954年提出。在这部著作里。德鲁克提出了管理的三个广泛职能：管理企业、管理经理人员和管理员工及其工作。在讨论员工及其工作时，德鲁克引入了"人力资源"这一概念。

人力资源是指能够推动社会和经济发展，能为社会创造物质财富和精神财富的体力劳动者和脑力劳动者的总称。随着中国改革开放进程的日益深化，作为组织重要资源之一的人力资源越来越引起化工企业的重视。有效的人力资源管理已经成为化工企业发展和成功的关键因素之一，在实践中展现了巨大的效用，激发了员工的积极性与创造性。

任务一　化工企业生产单位班组长选拔管理

通常，人事测评技术方法主要包括三种：沙盘推演测评法、公文筐测试法、职业心理测试。其中公文筐测试法是常用的选拔人才的方法，使用频率高达80%以上，是目前最有效的一种测评方法。

一、任务介绍

图 3-1 是某公司环氧丙烷车间的班组长选拔笔试现场，其人选条件：政治素质高，专业技术精，爱岗敬业，富有理想事业心；坚持原则，敢于负责，作风正派，办事公道，善于维护职工利益；有 2 年以上本专业工龄，大专以上文化程度，懂业务，精技术，善管理，有较高的组织领导能力；身体健康，能够带领职工完成各项生产任务和经济效益指标。选拔程序：报名、笔试、公文筐测试、组织考察、决定任职人选。目前已有 3 人通过笔试，准备参加下一轮公文筐测试。

图 3-1　某公司环氧丙烷车间班组长选拔

主要任务：

请采用公文筐测试法将上述环氧丙烷车间的选拔任务完成。

知识目标：

1. 了解人才选拔的程序和方法；

2. 了解公文筐测试的内涵；

3. 掌握公文筐试题的设计程序；

4. 掌握公文筐测试的基本操作程序和具体操作步骤。

能力目标：

能够准确地使用公文筐测试法选拔人才。

素质目标：

完成任务的态度、完成任务的质量、知识应用能力、书面表达能力、语言表达能力、与人合作能力。

二、任务分析

要完成上述任务，必须了解人才选拔的程序和方法，了解公文筐测试的内涵，掌握其设计程序、基本操作程序、具体操作步骤，最后才能完成好相关选拔任务。

三、相关知识

企业为了满足发展的需要，通常会根据人力资源规划和职务分析要求，寻找那些既有能力又有兴趣到本企业任职的人员，来确保企业各项活动的正常进行。人才选拔实际上是一个不断选择和淘汰的过程，是其他各项活动得以开展的前提和基础。通常需要经过以下步骤来完成：

1. 筛选申请材料

（1）学历、经验和技能水平；（2）职业生涯发展趋势；（3）履历的真实可信度；（4）自我评价的适度性；（5）推荐人的资格审定及评价；（6）书写格式的规范化；（7）求职者联系方式的自由度。

2. 预备性面试

预备性面试关注的五个方面：

（1）对简历内容进行简要核对；

（2）注意求职者仪表、气质特征是否符合岗位要求，服饰是否职业化；

（3）通过谈话考察求职者概括化的思维水平；

（4）注意求职者的非言语行为；

（5）与岗位要求符合性；

（6）应根据岗位说明书的要求选拔。

3. 职业心理测试

4. 公文筐测试

公文筐测试，又称公文处理，是被多年的实践所充实和完善，并被证明是很有效的管理人员测评方法，是对实际工作中管理人员掌握分析各种资料、处理信息以及做出决策等活动的高度集中和概括，主要考察计划、决策能力。

测试通常是在模拟情境中进行，比如模拟某公司在日常工作中可能发生的或经常发生的情境，比如下级的请示、同级部门的协助请求、客户的投诉、外部供应商提供的产品信息等等。提供给被试者的公文有下级的请示、工作联系单、备忘录、电话录音等等。另外，还会提供一些背景信息，如公司基本情况、市场信息、外部环境状况等等。通过测试指导语的说明，使被试者以管理者的身份假想自己正处于某个情境之中，通常是模拟在一定的危急情况下，要求被试者完成各种公文的处理。考官通过观察分析其处理公文的过程，对被试者的计划能力、组织能力、协调能力、沟通能力、预测能力、决策能力等做出判断与评价。下面的案例就是公文筐测试的试题样式及参考答案。

【案例】高级人力综合评审测试题

背景：

某公司是一家以经营聚醚多元醇材料为主，集科研、生产、营销于一体的大型化工企业。经过近20年的发展，已成为拥有200亿元净资产的股份制公司。到2015年，公司员工达到2500人，在全国各地设立了多家分支机构以及多个生产基地。公司实行董事会下的总经理负责制，下设生产副总、营销副总和人事总监三个副总经理级别的高级职位，分管各自相关职能部门，财务部和办公室直属总经理领导。

在本次测试中，您的身份是该公司刚上任的人事总监张晓东。由于前任人事总监李敏于3月19日突然辞职另谋高就，3月21日您被公司确定接任其工作，您目前的直接上级是总经理王华。在此之前，您是社会事务部主管经理。您被任命后，一直忙于新旧部门的交接工作，直至今天（3月24日），才开始处理积压的公文。您上午8点已经到达办公室，放在您办公桌上的有一些书面请示、便函等，还有一些电话录音和电子邮件需要回复。11点钟还要参加一个公司高层的办公会议，所以，您处理公文的时间仅有3小时。

任务和答题要求：

【任务】在接下来的3小时中，请您查阅文件筐中的各种信函、电话录音以及电子邮件等，并用如下回复表作为样例，给出您对每个文件的处理意见。

具体答题要求是：

（1）确定您所选择的回复方式，并在相应选项前的"□"里画"√"；

（2）请给出你的处理意见，并准确、详细地写出你将要采取的措施及意图；

（3）在处理文件的过程中，请注意文件之间的相互联系。

【文件一】

类别：电话留言

来电人：王书峰　研发部总监

接受人：张晓东　人事总监

日期：3月24日

张总监：

你好！我是研发部王书峰，去年十月中旬，人力资源部曾要求上报2015年的大学生招聘计划。由于我们研发部业务的特殊性，要求应聘者不仅具有一定的专业知识，而且要具有较高的英语水平，这类人员在校内招聘的难度很大。另外，由于我们公司薪酬水平也比较低，这样人才很容易流失，过去几年的流失率高达75%。我们研发部最近多次召开会议，初步达成共识：公司需要制定中长期的人才规划，来吸引并且留住优秀人才。

但是，到底该如何操作，还没有具体的方案。我刚和董事长通过电话，他建议我直接与您联系，不知您有何意见想法，请尽快回电。

文件一的回复表

回复方式：（请在相应选项前的"□"里划"√"）

□信件/便函

□电子邮件

☑电话

□面谈

□不予处理

□其他处理方式，请注明

回复内容：（请做出准确、详细的回答）

文件一参考答案

处理意见：

（1）派员工去研发部做人员流失调查，并分析原因；

（2）派员工做一份同行业薪金水平调查，对比分析研发部薪金水平情况；

（3）修改并完善员工培训管理规划，重点突出英语培训；

（4）派员工与财务等部门沟通，了解公司工资承受能力；

（5）建立吸引员工、留住人才的机制；

（6）关于研发部从在校学生中招聘难的问题，可适当扩大招聘范围和招聘方式，制定新的招聘制度。

（1）公文筐测试的特点

① 公文筐测试的适用对象是所有的管理者，多数用于选拔中高层管理者，它可以帮助组织选拔优秀的管理人才，考核现有的管理人员或甄选出新的管理人员。测试时间一般需要2小时左右，因此常被用作选拔和考核的最后一个环节加以使用。

② 公文筐测试主要通过以下两个方面进行测查：一是技能方面，主要考察管理者的计划、预测、决策和沟通能力；二是业务方面，材料涉及财务、人事、行政、市场等内容。

③ 公文筐测试对评分者的要求较高。评分前需对评分者进行系统的培训，要求评分者对可能的答案基本可以完全掌握，以保证测评结果的客观和公正。

④ 考试内容范围广泛。包括文件处理的方式，处理问题的方法和结果。

⑤ 情境性强。完全模拟现实中真实发生的经营、管理情境，测试材料涉及日常管理、人事、财务、市场、公共关系、政策法规等各项工作。

（2）公文筐试题的设计程序

① 工作岗位分析。试题设计之前，应该深入分析工作岗位的特点，确定任职者应具备哪些关键的知识、经验和能力，最后确定公文筐测试的能力要素及权重。

② 文件设计。包括文件的类型（如信函、备忘录、报表、批示等）、内容及预设情境等。

③ 确定评分标准。这是设计的难点，第一，在编写好整套试题后，对每份公文的测试

内容，由主考人员整理出可能出现的答案；第二，在正式测试前对所有的答案进行汇总，并进行必要的修正和完善，编写出每一份公文的答案要点；第三，参照公文筐测试能够测评的能力指标，将指标转换成具体的评价要素，请有关专家集体研究，究竟什么样的答案可以得高分，什么样的答案属于一般水平，进一步完善并最终确定测评答案及评分标准。最后，根据答案对被试者的答卷以采点得分的方式进行评分。即，为每一份公文的答案都制定出若干得分点，由评分人员依据参考答案的得分点来对被试者进行评分。

（3）公文筐测试的基本操作程序

① 明确背景及任务要求。首先向被试者介绍有关的背景材料，然后告诉被试者担任的角色和职责，任务是负责处理公文筐里所有的文件。

② 公文处理。接下来向每一位被试者发一套（5～15 份）公文，要求被试者完成各种公文的处理，并努力使自己的行为符合角色。公文包括下级的报告、请示、计划、预算；同级部门的备忘录；上级的指示、批复、规定、政策；外部用户、供应商、银行、政府有关部门乃至来自社区的函电、传真以及电话记录，此外还有群众检举或投诉信等。

③ 测试评价。最后把处理结果交给测评专家，按照既定的测评维度和标准进行评价。

（4）公文筐测试的具体操作步骤

① 测试前 20 分钟，引导员将被试者从候考室带到相应的测评室。

② 监考人员到保管室领取公文筐测试试卷。

③ 监考人员一一检查被试者的准考证、身份证和面试通知单。

④ 由主监考宣读《考场规则》，由纪检人员和被试者代表检查试卷密封情况并签字。

⑤ 测试前 5 分钟，由主监考宣布发卷并宣读《公文筐测试指导语》。

⑥ 监考人员对答题要求和步骤进行具体指导。

⑦ 考试时间到，由主监考宣布"应试人员停止答题"，被试者离开测评室，监考人员收卷密封。

⑧ 主监考填写考场情况记录，监考人员和纪检人员签字后，将试卷袋送交保管室。

⑨ 组织测评专家阅卷。

⑩ 公布测试结果

5. 结构化面试

结构化面试的主要功能是选优。

6. 评价中心测试

一种高级人才测评技术：无领导小组讨论、情景评价、角色扮演、演讲等

7. 背景调查

第三方主要指应聘者原来的雇主、同事以及其他了解应聘者的相关人员或者能够验证应聘提供资料准确性的机构和个人。主要采用电话、访谈、要求提供推荐性等方式。也可以委托代理机构进行，但应遵循以下原则：

（1）只调查与工作有关的情况，并以书面形式记录，以证明将来录用或者拒绝有依据；

（2）重点调查核实客观内容，忽略应聘者性格方面的主观评价内容；

（3）慎重选择第三方；

（4）评估调查资料的可靠程度，一般来说直接上级更可信；

（5）利用结构化表格，确保不会遗漏重要问题。

四、任务实施

此次任务实施与学习情景一中的任务实施程序相同，可按照任务准备、执行、评价、验收四个阶段进行，由于本次任务实施起来较复杂，故示例如下。

1. 准备阶段

（1）分组准备　十人一组，各组推荐一名监考人员。

（2）材料准备　要求被试者（学生）准备好测验所用的材料：统一印发的练习册、铅笔、橡皮（有条件的可在计算机上完成）。

2. 执行阶段

（1）监考人员对考生进行身份确认；

（2）主试（教师）朗读指导语，学生开始答题。

指导语：

请大家注意，为了保证大家测试成绩的真实性，请不要相互交流。请大家打开手中的练习册，翻到××页，找到测试题。这是一道公文筐测试题，模拟了实际的管理情景，在实际测试中共有6份文件，下面的文件是其中第二个文件，也是我们将要完成的工作，内容是一份电子邮件。请注意您只有10分钟的时间完成这项任务。

在考生（学生）对以上要求和指导语没有疑问后开始答题。

下面是某公司环氧丙烷车间选拔班长的测试题。

某公司的环氧丙烷车间是公司直属的重要生产车间，主要装置为一套管式反应装置、一套氯醇化塔装置、一套皂化塔装置和两套精馏装置。主要为后续车间生产聚醚多元醇的装置提供原材料，目前设计总能力为100万吨/年，共有员工200人，车间下设十个生产班，每班大约20人。车间采用班组成本核算系统，实现班组成本核算数据的自动采集、计算、排名、考核。每月15日前，车间核算员将班组核算数据统计整理，形成核算统计报表，并根据核算结果，对班组进行排名，报车间作为月奖金考核的一项依据。生产三班现有员工21人，当班作业要负责两套精馏装置的生产操作和产品质量调节，其重要性不言而喻。今天是2015年4月9日，你（李明）有机会在接下来的1小时里担任该公司蒸馏车间三班长职务，全面主持环氧丙烷车间三班的管理工作。

现在是早晨7点，你提前来到办公室，你必须在1小时内处理好文件，并做好落实。8点钟车间还有一个调度会议需要你参加，在这1小时里，可能有人来打扰。

具体答题要求是：

（1）确定你所选择的回复方式，并在相应选项前的"□"里画"√"；

（2）请给出你的处理意见，并准确、详细地写出你将要采取的措施及意图；

（3）在处理文件的过程中，请注意文件之间的相互联系。

文件二

类别：电子邮件

来件人：李岩　环氧丙烷车间主任

收件人：李明　二班长

日期：4月8日晚9点

李班长：

明天下午你有时间吗？我刚刚看过我们车间本月的经济核算统计报表，你们班排名在5个班中位列第四。综合过去一年来各班的经济核算情况，我觉得有必要对你们班的关键操作岗位人员进行调整。另外，你们环氧丙烷车间明年大修时要上一些新设备，需要有针对性地补充一些操作人员，我想听听你的意见，麻烦准备一下相关资料，请尽快与我联系。

李岩

（3）评价人员（学生）选择十人全部参加评价，并推荐一名评委会主任。

（4）评价人员（学生）培训教师首先公布"文件二"的参考答案，讲解评分标准和具体要求，然后由学生根据评分标准（表3-1、表3-2）为"文件二"的参考答案制定得分点，让学生针对具体的测试答卷和评分过程进行讨论。

（5）为了保证评分尽可能的客观，评价人员（学生）的评分过程分为三部分：第一，请每一位评价人员独立对每一位被试者试卷进行评价，然后由工作人员（学生）汇总；第二，对评分人员给每一位被试者的评分进行比较分析，观察是否在某些指标上出现较大的差异，如果没有就可以确定最终的得分；第三，如果在某些指标上出现较大的评分差异，则必须进行讨论，并在此指标上重新打分，若还有争议，继续讨论，继续打分，直至意见一致为止。

（6）每小组出三人进行分数统计，并按成绩排出名次。

表3-1　"文件二"测评的项目和重点

测验项目 \ 等级、内容	重点测评内容			
	A	B	C	D
沟通能力	能够准确地采取适当的沟通方式与上级沟通，并能根据文件内容之间的联系来处理问题	能够较为准确地采取适当的沟通方式与上级沟通，并能根据文件内容之间的联系来处理问题	能准确地采取适当的沟通方式与上级沟通，但不能根据文件内容之间的联系来处理问题	不能采取适当的沟通方式与上级沟通，也不能根据文件内容之间的联系来处理问题
分析能力	能很好地利用电子邮件中的信息，准确掌握关键所在，洞悉事物间联系，适时地做出适当的对策	能比较好地利用电子邮件中的信息，准确掌握关键所在，洞悉事物间联系，适时地做出适当的对策	能利用电子邮件中的信息，但不能掌握关键所在，洞悉事物间联系，适时地做出适当的对策	不能利用电子邮件中的信息，也不能掌握关键所在，洞悉事物间联系，适时地做出适当的对策
决策能力	能够及时做出决策，在决策时能全面考虑到各方面的因素，并能做出可行的方案	能够及时做出决策，在决策时能考虑到各方面的因素，提出可行的方案	能够做出决策，在决策时考虑因素很少，也不能提出可行的方案	不能做出决策
书面表达能力	思路非常清晰，叙述有条理，层次分明，书面表达结构严谨，言简意赅，能准确反映自己的想法，表现出较为熟悉业务的各个领域，文体风格与假设情境相适应	思路比较清晰，叙述有条理，层次分明，书面表达结构严谨，言简意赅，能比较准确反映自己的想法，文体风格与假设情境相适应	思路清晰，叙述有条理，层次分明，书面表达结构严谨，言简意赅，但不能准确反映自己的想法，文体风格与假设情境也不适应	思路不清晰，叙述无条理，层次不分明，书面表达结构不严谨，语言烦琐，不能准确反映自己的想法，文体风格与假设情境也不适应

表3-2 "文件二"测评评分表

考号(学号)： 姓名： 性别： 单位(班级)：

序号	测评指标	等级指标及测评指标等级分数					备　注
		A级	B级	C级	D级	打分	
1	沟通能力	30	25	10	0		
2	分析能力	30	25	10	0		
3	决策能力	20	15	5	0		
4	书面表达能力	20	15	10	1		
总计(∑)							

评分员签名：

3. 任务评价阶段

任务完成情况的考核评分与情境一中的任务评价部分相同，以此为标准进行评价。

4. 任务验收阶段

教师对小组进行肯定性验收签字。

【再次训练】完成上述操作任务之后，试试看能否采用公文筐测试法完成"六、拓展训练"的任务吗？

五、归纳总结

公文筐测试，即公文处理，不仅是一种选拔方法，而且也是一种考核培训的技术，要求被试者在规定的时间内处理相当数量的文件、电话、信件等，进而考察被试者的计划能力、决策能力等。在人才选拔过程中常被作为选拔的最后一个环节加以使用。要完成好公文筐测试任务，要求掌握试题的设计程序、测试的基本操作程序、测试的具体操作步骤。其中，评分标准设计是难点、依据评分标准如何进行评价是关键。

六、拓展训练

某公司拟在环氧丙烷车间内部公开选拔车间主任1名，报名范围：符合规定条件的车间内部人员均可报名。报名条件：具有环氧丙烷车间主要岗位五年以上工作经验(业绩突出者可破格)，掌握装置生产工艺流程及工艺技术指标，大专及以上学历，群众威信较高，年龄在40岁左右。选拔程序：报名、笔试、公文筐测试、组织考察、决定任职人选。目前已完成笔试，选出3人参加下一轮测试。

背景

某公司的环氧丙烷车间是公司直属的重要生产车间，主要装置为一套管式反应装置、一套氯醇化塔装置、一套皂化塔装置和两套精馏装置。主要为后续车间生产聚醚多元醇的装置提供原材料，目前设计总能力为100万吨/年，共有员工200人，车间下设十个生产班，每班大约20人。能耗管理是车间班组管理的重点，车间工艺员负责能耗管理具体工作。今天是2015年4月9日，你(王亚东)有机会在以后的2小时里担任该公司环氧丙烷车间主任职务，全面主持环氧丙烷车间的管理工作。

现在是上午8点，你提前来到办公室，你必须在2小时内处理好文件，并做出批示。10点钟还有一个重要会议需要你参加，在这2小时里，没有任何人来打扰。

任务和答题要求

任务：在接下来的 2 小时中，请你查阅办公桌上的各种信函、电话录音以及电子邮件等，并用回复表进行回复，给出你对每个材料的处理意见。

具体答题要求是：

（1）确定您所选择的回复方式，并在相应选项前的"□"里画"√"；

（2）请给出你的处理意见，并准确、详细地写出你将要采取的措施及意图；

（3）在处理文件的过程中，请注意文件之间的相互联系。

文件三

类别：书面请示

来件人：吕刚　　一班长

收件人：王亚东　　环氧丙烷车间主任

日期：4 月 8 日

王主任：

您好！我是一班的班长吕刚，今天，我和车间工艺员王杰就车间对班组的能耗管理问题进行过建议。目前车间对班组的能耗管理还是单纯依靠 Excel 统计、汇总能源基础数据信息，进行烦琐数据处理及能耗指标计算的处理模式，我认为在信息化、规范化和精细化管理时代，这种管理模式已经不适应企业发展的需要，也给成本核算及奖金分配等工作带来很多麻烦。在上次和王杰的建议中，我们曾设想依托公司现有网络系统，建立起以 EMS（能耗管理系统）为主，炼油工艺分析软件、公用工程分析软件、蒸汽管网智能监测软件为辅的能耗管理信息平台，使车间能耗数据采集、存储、统计、汇总、分析、报表输出等日常管理工作实现信息化处理，但这只是设想，还不太具体。您也知道，车间要求各班组加强能耗管理的力度越来越大，大家也都有加强能耗科学化、信息化管理的需求，所以我想听听您对我们意见的看法。

吕刚

文件三的参考答案

回复方式：面谈

处理意见如下：

吕刚：

你好，感谢你对车间能耗管理问题的思考，我将积极地考虑你所提出的建议，并做如下安排：

1. 请你提供一份今年以来一班能耗管理情况的报告；

2. 请工艺员王杰与一班员工座谈，听取员工对能耗管理的意见；

3. 我将于近日内到各班与班长座谈，调查了解能耗管理工作的需求及特点，分析原因；

4. 我还将于近日到公司信息中心调研，分析车间与公司信息中心合作的可能性；

5. 在各班的协助下、在公司信息中心的支持帮助下做好能源管理的实施方案；

6. 在制订能源管理实施方案时要考虑与班组成本核算及考核管理工作一并进行，以实现班组能源管理和成本核算数据的自动采集、计算、排名、考核；

7. 要使能耗管理的内容规范化、考核标准化、指标科学化。

七、课后训练

1. 知识训练题

（1）简述人才选拔的程序和方法。

（2）简述公文筐测试的含义和特点。

（3）简述公文筐测试试题的设计程序。

（4）简述公文筐测试的基本操作程序。

（5）简述公文筐测试的具体操作步骤。

2. 能力训练题

（1）你对公文筐测试法的应用范围是如何理解的？

（2）如果你所在的企业用公文筐测试法选拔班组长，你能去参加选拔吗？为什么？

任务二　化工企业操作人员教育培训管理

安全生产，以人为本，人的素质往往决定了安全生产的水平。化工操作人员安全素质的高低对于企业的安全生产有着至关重要的影响。通过加强对化工操作人员安全生产教育培训管理，提高安全意识，增强安全素质，才能保障安全生产，真正实现安全教育培训的目的，最大限度的减少不确定因素对安全生产构成的危害，实现生产装置的操作受控和有序管理。而班组是操作人员岗位培训的重要组成部分，班长负责每一位员工技术、技能素质现状，及时准确地向车间提出培训建议。

一、任务介绍

操作人员岗位培训管理实施细则

第一章 总 则

第1条 为了适应我公司发展需求，全面提高职工的素质，实现生产培训的规范化、制度化、科学化，确保公司生产的安全、经济、文明，特制定本实施细则。

第2条 操作人员的培训是企业生产的重要组成部分和重要环节，应纳入企业领导任期目标中。要在布置、检查、总结生产培训工作的同时，布置、检查、总结生产培训工作；要与生产任务一样进行考核、奖惩。

第3条 生产技术部设置生产培训工程师具体管理生产培训工作。

第4条 生产培训经费从教育经费中按规定列支，不足部分从生产费用中补充。新建、改建工程项目中，培训费由工程投资中单列的培训项目中支出。

第5条 本细则依据《操作人员培训制度》《安全生产工作规定》，并结合本单位实际特点制定。

第6条 本《细则》适用于从事操作人员及其后备人员的培训。

第二章 生产培训工作人员及其职责

第7条 生产培训主要工作人员

1、生产培训工作应由主管生产的副总或总工程师负责，配备具有中级以上技术职称或从事生产工作五年以上具有大专学历的专职工程师一至二名。

2、车间可设兼职生产培训工程师。

3、班组设兼职培训员，在班组长领导下开展培训工作。

4、生产培训工程师由熟悉生产情况，并有一定组织能力、协调能力和语言表达能力，热爱本职工作的技术人员担任。生产培训工程师作为生产技术人员纳入生产系列管理。

第8条 公司生产培训工程师的职责

1、认真贯彻上级关于生产培训工作的文件精神和工作部署。

2、负责编制公司生产培训计划，并以文件形式下发。

3、负责向上级单位提报生产培训总结。

4、经常深入现场，检查各分场、班组的培训情况。

5、负责组织全公司性的技术竞赛、技术讲座、技术及安全考试。负责组织、选拔参加上级各种技术竞赛的人选安排，并掌握学员的学习情况。

图 3-2 是某石化公司操作人员岗位培训管理实施细则，其中操作人员岗位培训主要内容和要点如下：培训以岗位应知应会和装置操作规程作为主要内容，特别是加强专用设备操作规程、开停工规程、事故处理预案等单项操作规程内容的培训，开展事故处理预案的演练，突发事件的处理办法、安全作业规程、安全生产管理办法、环保管理规定、车间安全生产管理考核制度等方面的培训，以增强操作人员的安全环保意识，提高操作波动和突发事件的处理能力，强化自我保护能力。

图 3-2　某石化公司操作人员岗位培训管理实施规则

主要任务：

请以车间班长的身份，以上述案例和教材中的相关知识为依据，制定某公司 2015 年环氧丙烷车间班组操作人员岗位培训的主要内容和要点（表 3-3）。

知识目标：

1. 了解化工企业教育培训的主要任务；
2. 掌握化工企业操作人员岗位培训的内容。

能力目标：

能够制定化工企业操作人员岗位培训的主要内容和要点。

素质目标：

完成任务的态度、完成任务的质量、知识应用能力、书面表达能力、语言表达能力、与人合作能力。

表 3-3　2015 年环氧丙烷车间班组操作人员岗位培训主要内容和要点

培训内容	培训要点
……	

二、任务分析

要完成上述任务，必须了解化工企业教育培训的主要任务和操作人员岗位培训管理要求，掌握化工企业操作人员岗位培训内容。

三、相关知识

1. 化工企业教育培训要点

教育培训可分为思想政治教育、职业道德培训、岗位培训、继续工程教育和学历教育，其培训要点见表 3-4。

表 3-4　化工企业教育培训内容和要点

培训内容	培训要点（对象）
思想政治教育	按照公司有关部门规定实施
职业道德培训	按照公司有关部门规定实施
岗位培训	岗前培训：新录用员工上岗前的知识技能培训（3～6 个月）；各类员工转岗前的知识技能培训；新技术、新工艺推广应用前的培训等。 岗位任职资格培训：上岗合格证书培训（特殊工作岗位培训）、技术等级培训（2 年评聘一次）、学历要求培训等。 岗位适应性培训：新入职员工的岗位适应性培训包括破冰活动、职业道德修养、职业生涯规划、职业礼仪以及职业初期心理调适等内容，实现职业和岗位的角色转变。
继续工程教育	对各类专业技术人员和生产技术骨干（如操作骨干）进行知识更新、拓展及工作能力和创新能力培训。
学历教育	对后备人才进行硕士和博士层次的学历教育。

2. 化工企业操作人员岗位培训管理

（1）管理内容及要求

操作人员培训与考核必须做到"三个百分之百"（图3-3），同时，将培训计划的执行情况纳入经济责任制的考核内容。

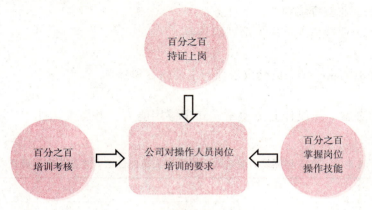

图3-3　操作人员岗位培训的要求

（2）操作人员岗位培训内容

操作人员的岗位培训必须坚持面向生产和实际工作，本着"干什么、学什么，缺什么、补什么"的基本原则，按需施教、学用结合、务求实效，提高培训的针对性和实效性。

四、任务实施

任务实施可按照任务布置、准备、执行、评价、验收五个阶段进行，具体操作方法参照情境一中的任务实施部分，操作内容应结合本次任务进行。

【再次训练】完成上述任务之后，试试看能否完成"七、拓展训练1"的任务？

五、任务评价

任务完成情况的考核评分与情境一中的任务评价部分相同，以此为标准进行评价。

六、归纳总结

化工企业的员工教育培训可分为思想政治教育、职业道德培训、岗位培训（岗前培训、岗位任职资格培训、岗位适应性培训）、继续工程教育和学历教育等内容。其中，操作人员的岗位培训内容主要以岗位应知应会和装置操作规程为主，包括职业道德、生产安全管理规章制度、生产装置设备管理和操作技能培训等。另外，培训与考核要做到"三个百分之百"。

七、拓展训练

1. 假如你是某公司某生产车间班长，请你根据下面案例和化工企业教育培训的主要任务，设计本班新员工培训主要内容和要点。

【案例】2015年环氧丙烷车间新操作人员培训内容

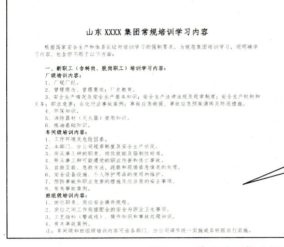

新操作人员岗位培训内容：要分别接受厂级、车间级、班组级培训，并以师傅带学徒方式接受实际训练，在学习期满后，经考试考核合格后发放《操作人员上岗资格证书》。

图3-4　某公司环氧丙烷车间新员工培训讲义

2. 请根据下面案例，以班长的身份制定本班管理办法，在征得员工同意后报车间备案。

【案例】某公司环氧丙烷车间员工培训管理考核制度

（1）各班组年初要从班组实际出发，结合车间年初制订的员工培训计划和月度计划，制定本班组及每个人的年度学习计划和目标，要求学习计划要有可操作性，确定个人的培训目标，未按要求做好计划的扣30元。

（2）各班组要严格执行培训计划的内容，未经批准擅自推迟、变更或取消本班组的培训，每出现一个班次扣50元。

（3）学员在完成车间布置的培训要求时，要求上课期间认真学习，要做好学习笔记，要求笔记内容填写齐全、准确、及时，否则每次扣30元。教案、学员笔记、办班考勤表、培训确认签字单、培训档案等各项资料齐全完备，学员未按要求填写每缺一项扣20元。

（4）车间对办班过程中的学员违纪情况要严格进行考核。上班期间，由主管付班的管理人员进行点名管理，每迟到、早退一次，考核20元，对学习期间影响课堂秩序等违纪活动每次扣30元。

（5）对于转岗员工，班组必须按要求重新对其进行各种技术知识、操作技能以及安全环保知识等方面的专业性培训，由班长负责。未按要求培训或其培训未达到车间要求上岗条件的人员，考核本人100元，考核班长50元。参加补考不及格的取消当月奖金，并考核班长50%的当月奖金。

（6）新入厂员工和转岗员工经装置岗前培训后，考试合格后方能上岗。未按要求进行的考核主管技术人员100元，考核班长100元。

（7）无故不参加考试和考试违纪的员工，每人次扣30元。

（8）车间对于每次培训班结束后应按时填写培训档案，培训确认单和学员培训评价表，未达到要求的每人次考核10元。

（9）车间组织的学习办班活动，要求讲课人员提前作好教案，熟悉授课内容，车间对未达到要求的授课人员每人次考核 30 元。

（10）车间培训教室要求卫生整洁，座椅摆放整齐，门窗关好，各班培训后对培训教室应保证地面干净，交接合格。车间对班组培训人员后卫生未达到要求者，每次考核班组50 元。

（11）车间领导对培训办班情况随时进行监督检查，对培训班的培训质量和效果进行评价，凡办班形式不规范、培训效果不好，每班次扣培训单位 50 元，同时授课教师的教学情况进行考核，凡质量不过关者，不予发放授课费。

（12）在培训结束后，要进行严格的考试考核，考试成绩登记入培训档案，考试不及格者允许补考一次，补考仍不及格者进行待岗培训。待遇为工资的 50%，无奖金。

（13）员工外出培训，车间负责组织管理，班长应负起管理责任，因组织管理不到位，管理混乱，影响培训效果，甚至发生意外情况使培训工作无法正常开展，将追究班长的责任，扣当月奖金 100 元。

八、课后训练

1. 知识训练题

（1）简述化工企业教育培训的主要任务。
（2）简述操作人员培训的主要内容。
（3）简述新操作人员培训的主要内容。

2. 能力训练题

（1）你对操作人员培训与考核要做到"三个百分之百"是如何理解的？
（2）调查一个化工企业，了解生产车间操作人员的培训方式，写一份调查报告。

任务三　化工企业基层单位内部绩效管理

绩效管理考核是在一定期间内科学、动态地衡量员工工作状况和效果的考核方式，通过制定有效、客观的考核标准，对员工进行评定，以进一步激发员工的积极性和创造性，提高员工工作效率和基本素质。绩效考核使各级管理人员充分了解员工的工作状况，通过对员工在考核期内的工作业绩、态度以及能力的评估，充分了解其工作绩效，并在此基础上制定相应的薪酬调整、股权激励、人事变动等激励手段。具体的实施过程要通过绩效指标、考核、结果反馈三个步骤的运作来实现。

一、任务介绍

某公司环氧丙烷车间奖金发放通过班组绩效考核确定。环氧丙烷车间下设十个班，主要装置为一套管式反应装置、一套氯醇化塔装置、一套皂化塔装置和两套精馏装置。车间会自动上传至公司信息中心，数据的采集、计算、排名、考核通过班组成本核算系统软件自动完成。核算数据来源 DCS 操作系统的实时生产数据和公司质量管理系统产品质量实时数据，用于确保核算数据的真实准确，并且核算软件数据采集时间与班组生产运行时间一致。对班组考核的关键绩效指标包括综合能耗、可控成本、环氧丙烷合格率、操作平稳率、产品收率、自控率。每月 15 日前，车间核算员将班组核算数据统计整理，形成核算统计报表，并根据核算结果对班组进行排名，车间根据班组排名情况，决定班组每月发放奖金的数额。如果班组出现违反劳动纪律或者出现重大的生产、设备事故，则直接考核为末位。

每月根据上述考核项目，按表 3-5 的权重分布进行班组排名。具体方法是先计算出每班组各项单耗占 10 个班组单耗总和的比值，再与权重数值相乘，作为单项得分。总分是各单项的合计，并根据得分多少进行排名。

表 3-5 考核项目权重分布

考核项目	权重/%	考核项目	权重/%
综合能耗	10	操作平稳率	40
产品收率	15	可控成本	10
产品合格率	20	自控率	5

主要任务：

请以车间班长的身份，以上述案例和教材中的相关知识为依据，编制环氧丙烷车间班组关键绩效考察表（见表 3-6）

知识目标：

1. 了解绩效管理的内涵和意义；
2. 熟悉绩效管理体系的构成；
3. 熟悉关键绩效考评指标体系的设计方法；
4. 掌握关键绩效考评表的设计方法。

能力目标：

能够正确地编制班组关键绩效考评表。

素质目标：

完成任务的态度、完成任务的质量、知识应用能力、书面表达能力、语言表达能力、与人合作能力。

表 3-6 环氧丙烷车间班组关键绩效考评表

指标	权重	数据来源	标准	实际完成	考核得分
……					

二、任务分析

要完成上述任务，必须了解绩效管理的内涵，绩效管理的作用，熟悉绩效管理体系的构成和关键绩效考评指标体系的设计方法，掌握关键绩效考评表的设计方法。

三、相关知识

1. 绩效管理的内涵

绩效管理是对人力资源管理绩效实现过程中各要素的管理，是基于企业战略和人力资源战略基础之上的一种管理活动，它通过对企业战略的建立、目标分解、业绩评价，并将绩效成果用于企业人力资源管理活动中，以激励员工或群体业绩持续改进并最终实现组织战略及目标。

可以说，绩效管理是一系列以员工或群体为中心的干预活动，其目的在于用更有效的绩效管理系统替代传统的单一的绩效考核，从制定绩效计划到对绩效进行考核和辅导，整个绩效管理系统更加强调基于绩效目标的员工或群体行为管理和组织的可持续发展。

2. 绩效管理的意义

一致性：将员工的工作目标同部门的目标、企业的目标联系在一起。在战略的基础之上建立科学合理的企业目标，通过层层分解，形成部门的目标和员工的目标。这就保证了员工工作目标与部门和企业目标的一致性，从而也确保了员工的工作目标和企业战略目标的同步达成。

激励性：绩效管理促使管理者对员工进行指导、培养和激励，以提高员工的工作能力和专业水平。

差距性：通过绩效管理，发现员工之间的差距，找出员工工作中存在的问题，从而使员工扬长避短，在工作中不断进步。

持续性：通过绩效管理，持续改进并达到更高的工作绩效。

凝聚性：通过绩效管理，促使各级管理者之间、管理者和员工之间进行沟通，增强企业的内聚力，树立较强的团队意识和责任感。

清晰性：通过绩效管理，可以使各级管理者合理分配工作，确保员工在清晰的目标指引下工作。

3. 绩效管理体系的构成与理论依据

绩效管理体系是一套有机整合的流程和系统，专注于建立、收集、处理和监控绩效数据。它既能增强企业的决策能力，又能通过一系列综合平衡的测量指标来帮助企业实现策略目标和经营计划。绩效管理是管理者与员工之间在目标与如何实现目标上所达成共识的过程，以及增强员工成功地达到目标的管理方法以及促进员工取得优异绩效的管理过程。高效的绩效管理体系是企业实现运营目标的重要的工具。

绩效管理体系是以实现企业最终目标为驱动力，以关键绩效指标和工作目标设定为载体，通过绩效管理的三个环节来实现对全公司各层各类人员工作绩效的客观衡量、及时监督、有效指导、科学奖惩，从而调动全员积极性并发挥各岗位优势以提高公司绩效，实现企业的整体目标的管理体系。

绩效管理的三个环节为：制定绩效计划及其衡量标准；进行日常和定期的绩效指导；最终评估、考核绩效并以此为基础确定个人回报。

目前有很多绩效管理的方法，如常用的 MBO（目标管理）、KPI（关键绩效指标）、360度评价法等。由于财务指标的局限性，美国学者 Robert S. Kaplan 和 David P. Norton 提出了平衡记分卡的业绩考核新方法。其中以 KPI 作为绩效管理方法的企业居多。

4. 关键绩效考评指标体系（KPI）的设计

关键绩效指标（Key Per for mance Indicators，简称 KPI）。KPI 法的核心思想是：企业业绩指标的设置必须与企业战略挂钩，企业应当只评价与其战略目标实现关系最密切的少数关键绩效指标。

在对关键绩效指标进行确定时，一般要遵守 SMART 原则。S 代表 Specific，意思是具体的，指绩效指标应切中目标，不能笼统，同时要将指标适度细化，并随情境变化而适时变化，具有可考查性；M 代表 Measurable，意思是可度量的，指绩效指标应该数量化或者行为化，需收集的绩效指标的数据和标准是可以获得的；A 代表 Attainable，意思是可实现的，指绩效指标和标准在付出努力的情况下，在适度的时限内是可以实现的，避免设立过高或过低的目标；R 代表 Realistic，意思是现实性的，指绩效指标是实实在在的，可以证明和观察的；T 代表 Time-bound，意思是有时限的，注重完成绩效指标的特定期限，关注效率。

KPI 法是一种能将战略目标分解为可运作的远景目标和量化指标的有效工具。另外，这种方法自企业的战略目标出发，通过分析企业的价值链，确定企业关键成果领域和关键绩效指标，并层层分解，直至形成企业、部门和岗位三级关键绩效指标体系。如某公司对实现经营目标的稳步增长进行关键业绩指标分解情况（表 3-7）。

表 3-7　某公司关键绩效指标分解情况

战略	实现该目标的关键因素	各部门可能的关键绩效指标	责任/部门	考核频度
实现经营目标的稳步增长	销售收入的稳定增长	① 实现营业额稳定增长； ② 提高回款效率	销售公司、财务部	半年
	投资收益的稳定实现	① 搞好短期投资； ② 提高长期投资的收入水平	财务部	半年
	利润的稳定增长	实现主营业务净利润的稳定增长	销售公司	一年
	成本费用的有效控制	① 经营成本的控制； ② 管理成本的控制； ③ 财务成本的控制	销售公司、管理部、财务部	一个季度
	市场开拓、深挖现有市场潜力	① 大力开拓新业务的力度； ② 挖掘现有市场潜力	销售公司	一个季度
	加强管理投资项目	保证良好的投资回报	财务部、规划部	一年
	清理原有不良投资	清理原有不良投资	财务部	半年
	发展公共关系与客户关系，提升公司品牌	① 重要公共关系的维护； ② 重要客户关系的维护； ③ 提高危机处理能力； ④ 加强与政府、主管部门的关系	管理部、法律顾问室	两个季度

5. 关键绩效考评表的设计

绩效考评表格是考评阶段的工具，关键绩效考评表格的内容就是关键绩效指标的项目、权重、解释、标准、具体要求和评分栏。

例如对个人 KPI 的考评（表 3-8），实施前由部门与个人签订个人绩效合同。

表 3-8　个人绩效合同

员工姓名		员工编号	所在职位	所在部门	考核人

序号	绩效指标	指标权重	指标释义	评分标准	评分依据	得分	
						自评	上级评分
1	工作计划及日常工作质量	25	以本人岗位职责为依据，自行列出合理详细的下月工作计划及工作结果目标。如行政指令达成率100%，部门人员岗位能力匹配≥70%，绩效有效办理出为100%，以及月度其他重要工作事项	在数量上工作在1～5项得10分，工作6～10项得15分，工作11项以上得25分；在质量上，未完成一项扣5分	1. 每天查看阿里巴巴平台更新产品信息，上传产品。 2. 跟踪老客户邮件，回复客户询价。 3. 跟踪阿里巴巴客户，回复阿里上询盘。 4. 跟踪订单，回访订单生产情况，包装，交期等。 5. 完成公司领导安排的其他事项，比如整理广交会样品，写广交会参展计划书等。 6. 协助客户关于产品技术，更改，立项等事宜。 7. 协助销售内勤完成订单的下达，跟进。 8. 催促客户及时付款，协助财务做好每月财务对账。做好每月出货计划，做好财务对账，做好个人账务明细		
2	团队合作	10	部门内积极配合、帮助他人，部门之间尽职尽责，力所能及的事情须支持并配合开展工作。	受到本部门人员投诉，1次扣5分，受到其他部门人员投诉，1次扣10分，扣完为止。	协助业务员和部门领导完成力所能及的工作		
3	工作态度	10	主动积极，不推诿	推诿1次扣5分，扣完为止	主动、积极、认真完成工作，无推诿		
4	全勤奖	5	严格遵守公司考勤管理制度	当月无事假、病假、迟到、早退、旷工或其他违反考勤管理的行为，否则为0分	全勤		
5	流程改善	10	改进工作流程，减少单位工作任务的工作时间	1人每月减少工作时间1天以内，得3分；1人每月减少工作时间1～5天，得6分；1人每月减少工作时间5天以上，得10分，加满10分为止	针对外贸客户建议财务先让PMC传出货明细，然后收款，避免货发出去了，账还没对清楚		

续表

	员工姓名	员工编号		所在职位	所在部门	考核人
6	关重工作质量	10	上级强调的关重工作在规定时间内及时交验	1 次交验合格得 5 分/项；修改 1 次交验合格得 3 分/项；修改 2 次以上得 0 分；加满 10 分为止，无关重工作，本项得 0 分	积极完成本职工作	
7	关重工作沟通回复	10	上级强调的关重工作，要及时沟通回复工作进度	领导无催促完成得 5 分/项；领导催促 1 次完成得 3 分；领导催促 2 次以上完成得 0 分，加满 10 分为止。无关重工作，本项为 0 分	根据领导安排，积极完成领导吩咐的工作	
8	经验分享	10	主动梳理本职工作流程、制度（排入工作计划）	完成 1 项合格的制度或流程加 10 分；培养 1 位合格新人加 10 分	严格要求客户先付款后发货，对于见提单复印件付款，时刻提醒其他业务员分析客户，减少风险	
9	学习成长	10	主动与上级沟通，制定学习计划	每完成一项学习任务（制成 PPT 与同事分享，例会演讲满 10 分钟）加 5 分，加满 10 分为止	积极学习新产品知识	

四、任务实施

任务实施可按照任务布置、准备、执行、评价、验收五个阶段进行，具体操作方法参照情境一中的任务实施部分，操作内容应结合本次任务进行。

【再次训练】完成上述任务之后，试试看能否编制"七、拓展训练"的班组职工工作态度考评表。

五、任务评价

任务完成情况的考核评分与情境一中的任务评价部分相同，以此为标准进行评价。

六、归纳总结

绩效管理是企业人力资源管理的重要组成部分，绩效管理系统是人力资源管理系统的子系统。绩效管理的过程通常被看做一个循环，这个循环分为四个环节，即：绩效计划、绩效辅导、绩效考核与绩效反馈，绩效管理的不断良性循环才能保证组织目标的不断实现，四个环节缺一不可的绩效管理才能够真正有效地运行与支持企业发展。

七、拓展训练

请你以表 3-9 的内容为依据，参照材料 1、材料 2 的资料样式，编制某石化公司生产车间职工工作态度考评标准。要求：将工作态度各个考评指标的内容转化成不同评价等级和评价要素；编制考评计分表。

表 3-9　某生产车间职工工作态度考评项目和重点

考评项目	重点考评内容
敬业程度	是否严格遵守公司的规章制度，纠正不良行为，成为员工的模范
团队精神	是否能能够主动协助同事出色的完成任务
责任意识	是否具有高度的责任心，作风严谨，以公司为家
工作心态	是否努力提高自己的能力，爱岗敬业，积极研究工作改进方法，经常提出有效建议，主动承担本职外的工作

材料 1　某企业职业经理岗位胜任特征模型（表 3-10）

表 3-10　某企业职业经理岗位胜任特征模型

胜任特征＼等级	A 级	B 级	C 级	D 级
战略管理能力	深刻理解企业战略思想，根据企业实际将战略落到实处，并采取相应措施保证战略的实现	理解企业战略，能够就战略思想采取措施，保证战略的实现	知道企业战略，能够就战略思想有意识地调整自己的工作，以促进战略实现	对企业战略不明确，或不了解
团队管理能力				
……				

材料 2　某企业职业经理岗位胜任特征模型（表 3-11）

表 3-11　员工与其所在岗位匹配情况的考评

序号	胜任特征名称	等级指标及胜任特征等级分数/分						查分 S=f-g
		A 级	B 级	C 级	D 级	满分 g	打分 f	
1	战略管理能力	12	9	5	0	9	9	0
2	团队管理能力	12	8	4	1	12	12	0
3	创新能力	12	9	6	2	9	6	−3
4	自我管理能力	10	8	5	0	8	8	0
5	市场开拓能力	10	8	5	1	8	8	0
6	问题解决能力	10	7	5	2	10	7	−3
7	决策能力	12	10	7	3	12	12	0
8	进取心	10	8	5	2	8	8	0
9	人际交往能力	12	10	7	0	10	10	0
	总计					86	80	−6

注：1. S＝0 说明匹配度最好；S>0 说明员工胜任特征水平已超过现岗位要求；S<0 说明员工胜任特征不能满足现岗位要求。

2. 涂黑线是员工胜任特征的水平线，是最适合的岗位胜任特征水平，与实际得分比较，差距越近说明匹配度越好。

八、课后训练

1. 知识训练题

（1）简述绩效管理的内涵。

（2）简述绩效管理的作用。

（3）简述绩效管理系统的定义。

（4）试述绩效管理系统中三个子系统的主要内容。

（5）简述关键绩效考评表的内容。

2. 能力训练题

（1）你对关键绩效指标是如何理解的？举例说明。

（2）你对职工工作态度考评指标是如何理解的？举例说明。

（3）调查一个化工企业，了解生产车间班组关键绩效考评指标的构成，写一份调查报告。

任务一　化工企业生产作业计划管理

生产作业计划是根据企业年度(季)生产计划,编制各生产单位的月(旬、周)的生产作业计划,包括:产品品种、数量(投入量、产储量)、日期(投入期、产出期)和进度(投入进度、产出进度)。生产作业计划是协调企业日常生产活动的中心环节。

一、任务介绍

案例:某石化企业下达催化一车间3月份生产作业计划,要求:

1. 加工量8.860万吨,直蜡4.441万吨,焦蜡0.892万吨,常渣3.527万吨,日产量0.2535万吨。

2. 开工31天。

3. 产品产量8.038万吨,其中气体0.270万吨,汽油2.811万吨,液化气1.478万吨,油浆0.415万吨,柴油2.482万吨,烧焦0.582万吨。

4. 辅助材料消耗计划助燃剂1.80吨、催化剂97吨、钝化剂5吨。

注:催化一车间共有员工83人,下设4个班,其中1班有20人,2班22人,3班21人,4班20人,实行4班3倒,每班工作8小时。

表4-1　催化一车间3月份生产计划安排(开工31天)

生产班组	产品名称	产量/万吨	起止时间	原料/万吨	辅助材料/万吨
1班-3班			1日1:00-8:00 1日8:00-17:00 1日17:00-1:00		
4班-2班					
……					

主要任务:

结合案例,利用教材中的相关知识,编制催化一车间生产计划安排表(表4-1)

知识目标:

1. 掌握化工生产经营计划主要内容;

2. 掌握化工企业车间生产作业计划编制方法。

能力目标：

能编制化工企业车间生产计划安排表。

素质目标：

完成任务的态度、完成任务的质量、知识应用能力、书面表达能力、语言表达能力、与人合作能力。

二、任务分析

要完成生产作业计划编制，必须了解化工企业生产作业计划的主要内容，掌握化工企业车间生产计划安排表的内容和编制方法。

三、相关知识

1. 生产作业计划的作用

（1）生产作业计划建立了企业正常生产秩序和管理秩序，提高了经济效益。

① 工人心中有数，使得日常管理更有秩序；

② 保证了各部门和车间之间的衔接配合；

③ 能及时检查和解决生产中遇到的问题，确保生产任务的完成。

（2）生产作业计划细分了生产任务，更利于生产计划的实施落实。

（3）是企业计划管理的重要环节，确保了企业年度经营计划的顺利实现。

（4）规定了全体职工奋斗目标，调动了职工积极性。

（5）有利于实现均衡生产。

2. 生产作业计划的形式

一般化工企业生产作业计划有厂部（公司）、车间和工段（班组）三级作业计划形式。厂部（公司）生产作业计划由企业生产部门负责编制，确定各车间的月度生产任务和进度计划；车间生产作业计划由车间计划调度室负责编制；工段（班组）生产作业计划由工段计划调度员负责编制，分别确定工段（班组）月度、旬（或周）和轮班的生产作业计划。

（1）公司生产经营计划

公司生产经营计划包括产品销售计划、产量计划、能源消耗计划、原材料单耗计划、原辅材料采购计划等内容。某公司 11 月份生产经营计划如图 4-1 所示。

×× 集团有限公司

二□□七年十一月份生产经营计划

集团生产计划部
2007年9月30日

图 4-1　某公司 11 月份生产经营计划

某公司 11 月份产品产量计划如表 4-2 所示。

表 4-2　某公司 11 月份产品产量计划

公司及产品名称	规格	单位	产量计划	生产单位
新诺威				
折咖啡因		吨	0	新诺威
咖啡因	25kg/桶，500kg/包，20kg/箱	吨		新诺威
茶碱	25kg/桶	吨		新诺威
粗茶碱	25kg/袋	吨		新诺威
氨茶碱	25kg/桶	吨		新诺威
喘定	25kg/桶	吨		新诺威
柯柯豆碱	25kg/桶，850kg/包	吨		新诺威

某公司 11 月份能源消耗计划如表 4-3 所示。

表 4-3　某公司 11 月份能源消耗计划

名称	用电量		用水量		用汽量	
	单位	指标	单位	指标	单位	指标
新诺威						
咖啡因	度		万吨		吨	
茶碱、氨茶碱	度		万吨		吨	
柯柯豆碱	度		万吨		吨	
动力能耗	度		万吨		吨	
咖啡因单耗	度/公斤		万吨		公斤/公斤	
茶碱、氨茶碱单耗	度/公斤		万吨		公斤/公斤	
可可碱单耗	度/公斤		万吨		公斤/公斤	

某公司 11 月份原材料单耗计划如表 4-4 所示。

表 4-4　某公司 11 月份原材料单耗计划

车间部门	产品名称	原材料名称	单位	单耗
新诺威				
101 车间	咖啡因	氯乙酸	kg/kg	
		氰化钠	kg/kg	
		尿素	kg/kg	
		醋酐	kg/kg	
		二甲酯	kg/kg	
		氯仿	kg/kg	
		甲酸	kg/kg	
		甲胺	kg/kg	

续表

车间部门	产品名称	原材料名称	单位	单耗
		碳酸钠	kg/kg	
		亚硝酸钠	kg/kg	
		活性碳	kg/kg	
		氢氧化钠	kg/kg	
		硫酸	kg/kg	
		盐酸	kg/kg	
		高锰酸钾	kg/kg	
		甲醛	kg/kg	
		硫酸亚铁	kg/kg	
		漂白粉		
		煤油		

（2）车间生产作业计划

一般化工企业车间采用自动化连续性生产，产品类型、生产工艺比较稳定，生产各工段都是严格控制、联动工作，所以车间月度生产任务可按日、按班分配，不必编制标准作业计划。

（3）班组生产作业计划

化工企业生产车间生产任务一般按照不同岗位进行操作，保证装置平稳操作。对于班组来说，只要有计划地控制动力、原材料、燃料消耗，按照岗位操作要求进行操作即可，不需要编制标准作业计划。

3. 车间生产作业计划编制

（1）车间生产作业计划内容

化工企业车间生产作业计划一般包括起止时间、产品产量、原材料辅助材料人工等成本。

（2）车间生产作业计划编制方法

在编制车间生产作业计划时，要保证车间生产任务按时完成，又要保证各生产班组在生产数量和期限上衔接平衡。

四、任务实施

任务实施可按照任务布置、准备、执行、评价、验收五个阶段进行，操作方法参照情境一中的任务实施部分，结合本次任务进行。

五、任务评价

任务完成考核评分与情境一中的任务评价部分相同。

六、归纳总结

生产作业计划规定了各车间月度生产作业计划任务，是生产计划的具体执行计划。生产作业计划关系到企业的人财物力资源能否得到合理的利用，从而影响到企业的生产、经营和管理效率。车间生产作业计划是将车间每月生产任务进行排产，按日轮分给班组。而班组生产作业计划是要求员工按照岗位操作要求进行平稳操作，保证平稳生产、装置物料平衡、降低能耗，保证产品质量。对于化工企业来说，车间生产作业计划只要求编制月排产表，不必编制标准化生产作业计划。

七、课外阅读

爱默森电器公司提高管理效率的奇招

美国管理学家哈利顿@爱默森被人们誉为"效率工程师"。他一贯认为创造财富不能简单依靠劳动力、资本、土地资源，而应当设法减少单位产品的劳动和物资消耗，建立杜绝浪费和富有效率的工作体系。爱默森在节约时间和降低成本方面成绩斐然。他创办的爱默森电器公司曾被美国杂志评为经营管理最有效率的五家公司之一。该公司制定了包括内部和外部两个方面的周密计划。这种计划不但力求提高公司的销售和利润额，而且，还促使公司的生产水平每年都有所提高，公司还建立了一套内部管理制度。这种管理制度能使该公司在竞争中用降低价格的办法来增加销售额，并同时维持良好的质量和较高的利润率。

该公司的计划从事业部开始做起，每一个事业部的经理必须为本事业部的每条生产线制定 1~5 年的增长计划，其内容包括利润额、国内市场销量的增加额、新产品的开发、国际市场和政府业务部门的开拓等。公司在制定计划时，采用 ABC 预算控制制度，这种制度的最大特点是富有弹性。该公司将经过总经理和各生产部门集体讨论后制定的利润目标，称作预算 A；当销售额降低 10% 时，为获取同样多的利润所制定的应变计划，称作预算 B；当销售额降低 20% 时，为获取同样多的利润而制定的应变计划，称作预算 C。

至于全公司各项工作的先后次序和下一年战略，则在总公司领导人和各事业部经理参加的公司高层管理会议上决定。每次高级管理会议都对公司的工作进行周密的策划和深入的讨论。一旦在会议上制订出某些产品的制造方案，该方案就成为各事业部共同遵守的准则。

这些周密的计划和管理制度以及有效的高层管理会议正是"效率工程师"爱默森提高经营管理效率的秘密。

启示：这个案例告诉我们：一个好的计划决策，就是成功的开始。

八、课后训练题

1. 知识训练题

（1）简述化工企业生产计划主要形式。

（2）试述车间生产计划安排表编制方法。

2. 能力训练题

调查某化工企业一个车间，列出该车间某个月生产计划安排表。

任务二　化工企业生产装置操作规程管理

生产装置操作规程管理的目的是为了提高操作规程的科学性和可操作性，推进操作受控，促进安全生产。通过操作规程模拟操作，可以提高员工的岗位技能和安全意识，建立良好的操作氛围。

一、任务介绍

案例：常减压岗位操作规程中，3.5 开工操作中：

3.5.1 进油前准备

班长岗位

（M）确认进油时间，产品方案。

（M）确认各岗位之间的联系和协调工作。

（M）确认开工各步骤和岗位流程。

（M）确认消防蒸汽线放气。

（M）确认各排凝阀关闭。

说明：M 表示班长，（ ）表示对某项操作的确认。

主要任务：

学生 2 人一组，一人模拟蒸馏车间班长，根据案例和教材中相关知识，进行进油准备模拟操作。要求严格按照操作步骤执行。另一人模拟运转工程师，负责监督并填写岗位操作程序检查卡（表4-5）

知识目标：

1. 了解工艺规程和操作规程管理职责；

2. 掌握操作规程内容和装置操作卡的主要形式；

3. 掌握操作规程执行内容。

能力目标：

能根据不同操作规程进行模拟操作。

素质目标：

完成任务的态度、完成任务的质量、知识应用能力、书面表达能力、语言表达能力、与人合作能力。

表4-5 进油前准备岗位操作程序检查卡（班长岗）

序号	执行项目	执行标准	执行情况（完成"√"，未完成"×"）
1	确认进油时间，产品方案	联系调度，确认进油确切时间和产品工艺路线	
2	确认岗位联系	协调各岗工作，做好对外联系	
3	确认开工步骤和岗位流程	对开工各步骤，各岗位改好的流程认真做好检查	
4	确认消防蒸汽线放气	各消防蒸汽线给汽末端少量放空	
5	确认排凝阀关闭	检查各排凝阀是否关死，以防跑油	

二、任务分析

要完成上述任务，必须了解工艺规程和操作规程管理职责，熟悉操作规程内容和装置操作卡的主要形式，重点掌握操作规程执行内容。

三、相关知识

1. 工艺规程管理

工艺规程主要形式：工艺路线卡、工序卡、工艺卡、操作规程。另外，还有检查卡、调整卡等辅助性文件形式。

（1）工艺路线卡

工艺路线卡是按照产品的每个零件进行编制的，它规定了这个零件在整个制造过程中经过的各个工艺路线，列出这个零件经过的车间、各工序名称、工艺设备等。

（2）工序卡

工序卡是按照产品或零件的每道工序编制的工艺规程，它规定了这道工序详细操作方法、注意事项和技术要求。主要包括：

a. 原料质量指标

b. 各工序操作条件

c. 各工序中间产品

d. 产品质量指标

e. 原材料消耗定额

f. 动力供应指标

g. 记录

（3）工艺卡

工艺卡是按照一个零件的每一工艺阶段编制的一种路线工艺，它规定了加工对象在制造过程中一个工艺阶段内经过哪些工序，各工序加工方法是什么。

2. 操作规程管理

（1）化工企业（公司）主管技术副总经理负责组织操作规程制（修）订、审批，是负责操作规程编制与管理工作的主要领导。

（2）技术部门是操作规程的归口管理部门，负责组织操作规程的年度评审，负责组织操作规程制（修）订、审核、上报与发布。

（3）机动设备、质量、安全、环保等部门负责组织操作规程相关专业内容的制（修）订，并进行专业审核及执行过程中的监督检查。

（4）车间（装置）负责操作规程的编制、审查、上报及日常管理，负责审批后操作规程的执行。

3. 操作规程的内容和修订

（1）操作规程的内容

操作规程包括工艺技术规程、基础操作规程、操作指南、开停工规程、事故处理预案等章节。

① 工艺技术规程

a. 装置概况：生产规模、能力、建成的时间和历年改造情况；

b. 原理与流程：该装置的生产原理与工艺流程描述；

c. 工艺指标：包括原料指标，半成品、成品指标，公用工程指标，主要操作条件，原材料消耗、公用工程消耗及能耗指标，污染物产生、排放控制指标；

d. 生产流程图：工艺原则流程图、工艺管线和仪表控制图、工艺流程图、装置污染物排放流程图说明；

e. 装置的平面布置图：必须标出危险点、排污点、报警器、灭火器、其他应急设备位置；

f. 设备、仪表明细：将设备、仪表分类列表，注明名称、代号、规格型号、主要设计性能参数等。

② 操作指南是正常生产期间操作参数调整方法和异常处理的操作要求。

③ 基础操作规程是装置进行各类复杂操作的基本操作步骤，主要描述机、泵、换热器、罐和塔等通用设备的开停和切换规程。

④ 开工规程、停工规程、基础操作规程、专用设备操作规程、事故处理预案等规程的操作步骤需要严格按照统一的格式编制：

a. 分页顺序。操作规程按照以下顺序分页：封面(第一页)、版本记录(第二页)、统筹图、纲要、操作、解释。

b. 分级编写。A 级是规程的纲要，规定了规程的主要操作顺序和状态，对所有稳定状态及该状态下的操作目标进行详细规划，主要用于统筹各个岗位或系统的操作。B 级描述详细操作过程，不同状态的过渡和各种具体的操作动作。C 级是要点和说明，主要针对操作动作进行解释，为使用操作规程的人员提供必要的说明，包括安全、设备、工艺流程图表等。

c. 操作步骤的语句构成。操作规程编写用语应统一规定，使规程具有通读性，使得对同一个操作动作的描述语言在各个装置的使用者看来，表达的意思都是一样的，不会出现同样一句话在不同装置使用有不同的理解。语句格式为："(操作者代号)+(操作性质代码)+(谓语动词)+(宾语及宾语补足语)"的语言格式表达要阐述的内容，且每一句话只表明一项动作。一个动作规定了动作的性质、执行人、动作的内容以及要求达到的目的。

d. 操作者代号和操作性质代码。分别用 M、I、P 作为操作者代号表示倒班班长、内操和外操；用"( )、[ ]、< >"作为操作性质代码，其中"( )"表示对某项操作的确认，"[ ]"表示对某项具体操作的动作描述，"< >"表示对安全操作或确认的描述。

e. 稳定状态卡：操作步骤进行到规定的稳定状态时，需要插入初始状态卡、稳定状态卡和最终状态卡，并列出进行条件确认的内容。

f. 提示卡。操作步骤之间，可根据需要插入提示卡，说明操作过程中的应引起注意的操作事项。提示卡内容必须注意细化、量化，避免原则性提示。

⑤ 事故处理预案是装置发生一般生产事故或操作大幅度波动的状态下，避免扩大事故范围，使事故向可控制的方向发展，达到最终的安全受控状态的处理步骤。

案例：大庆石化公司常减压二车间装置操作规程目录

（2）操作规程的修订

工艺操作规程是工人生产经验和先进科学技术的总结。但是随着生产的发展和科技的进步，工人操作经验的积累及市场对产品质量要求的变化，它需要不断地加以补充和修订。

为了保证工艺操作规程既能保持先进技术水平，又能保证其相对稳定性，需要有定期修改工艺操作规程。操作规程执行过程中需要修改时，必须由车间（装置）主任签字确认，修改内容记录在操作规程对开的空白页上，并标上对应的操作序号。开停工、事故处理预案、单体设备等单项操作规程使用一次后，须将修改内容补充完善到操作规程正本中。新改扩建装置首先编制操作规程（试行）版，试用一年后，更新为正式操作规程。

操作规程每年评审一次，确认操作规程的修改和补充完善的内容。操作规程每五年全面修订一次，重新审批、出版和发放。

（3）操作规程的执行

① 操作规程由生产班组执行。操作人员执行具体操作前，由车间（装臵）技术人员准备好完成审批手续的岗位操作卡片。

② 班长下达操作指令，运行工程师监督操作规程的执行，遇有问题及时向监督指导责任人汇报。

③ 操作过程中，内操指挥外操严格按照操作步骤执行操作，外操执行完成的操作必须汇报给内操，由内操在卡片上做出标记，标记符号为"√"或签字。做到操作有监控，步步有确认。

④ 使用后的操作卡由车间（装置）收回，按记录或"失效"文件处理。

四、任务实施

任务实施可按照任务布置、准备、执行、评价、验收五个阶段进行，操作方法参照情境一中的任务实施部分，结合本次任务进行。

五、任务评价

任务完成考核评分与情境一中的任务评价部分相同。

六、归纳总结

操作规程包括工艺技术规程、基础操作规程、操作指南、开停工规程、事故处理预案等。操作规程由生产班组执行，操作人员执行具体操作前，由车间（装臵）技术人员准备好完成审批手续的岗位操作卡片。班长下达操作指令，运行工程师监督操作规程的执行，遇有问题及时向监督指导责任人汇报。操作过程中要做到操作有监控，步步有确认。本次任务模拟了常减压操作规程中开工操作的内容，模拟班长在进油前准备中的具体操作，按具体要求进行实施。

七、课外阅读

过氧化甲乙酮引发的爆炸案

某化工厂于1999年6月创办，企业注册资金为58万元，建筑面积：1000多平方米，职工25人，产品有无色促进剂、洗衣粉、过氧化甲乙酮、过氧化苯甲酸叔丁酯。

企业建有一个南北向4开间单层砖混结构的生产厂房和其他辅助用房。生产厂房内设3个车间：东面一间是过氧化甲乙酮车间，西面一间是过氧化苯甲酸叔丁酯车间，中间两间是洗衣粉车间。过氧化甲乙酮车间为一统开间，只有南面一扇双开门，西面靠南墙有一过道与其他车间相通，合成、过滤、配制、包装等均在这一开间内，没有任何隔离。过氧化甲乙酮（MEKP）和过氧化苯甲酸叔丁酯（TBPB）车间的厂房及工艺设备系自行改造、安装，均未经具有化工专业资质的单位设计和施工安装。

2002年1月3日07：30，过氧化甲乙酮车间1号釜开始生产第一批号产品。08：30，2号釜开始生产第二批号产品。当天上午回收来的10桶（250kg）不合格过氧化甲乙酮（退货产品）临时堆放在邻间的洗衣粉车间内。约12：00，2号釜开始生产第五批号产品。此时，在配制作业点上有21桶（525kg）半成品，在合成釜西侧地面手推车上有275kg成品。12：25左右，运料工袁某看到2号釜加料口冒出大量橘黄色烟雾并冲出料液，瞬间燃烧爆炸，大约15min后，洗衣粉车间发生更猛烈的爆炸，除西面过氧化苯甲酸叔丁酯车间外，整个厂房坍塌，造成过氧化甲乙酮车间当班的4名作业人员死亡。

直接原因：①操作不当使合成釜内物料剧烈反应导致冲料，在釜外发生可燃性气液夹带物产生静电火花引起可燃性混合气体燃烧爆炸。②车间结构不合理，从而使可燃性混合气体燃烧爆炸导致车间内存有的约800kg过氧化甲乙酮成品和半成品发生持续燃烧。③临时堆放在邻间的10桶不合格过氧化甲乙酮遇爆炸和持续燃烧，产生分解，发生更猛烈的爆炸。

间接原因：①某化工厂车间厂房及工艺设备均未经具有化工专业资质的单位设计和施工安装，不具备危险化学品生产的基本条件。②企业没有相应的安全生产管理制度和操作规程，没有事故应急救援预案。大部分作业人员没有经过危险化学品安全培训教育，对突发事故应急处理能力差。③政府有关基层组织和职能部门监管不力，对辖区内危险化学品生产企业存在的问题和严重事故隐患没有给予有力的监督和及时查处。

八、课后训练题

1. 知识训练题

（1）简述生产装置操作规程的主要内容。

（2）简述操作规程执行内容。

（3）简述开工规程三级编写的规定。

2. 能力训练题

调查某化工企业一个车间，搜集一份装置操作规程。

任务三　化工企业生产现场5S管理

5S活动起源于日本，是指对生产现场人员、材料、设备等生产要素全局进行综合考虑，并制订切实可行的计划与措施，从而达到规范化管理的目的。

一、任务介绍

表4-6　红牌样板

责任部门		希望完成日	
问题描述：（贴红牌的人填写）			
对策：（问题部门的人填写）			
完成日期		审核	
验收结果：			
验收日期		审核	责任人

说明：红牌作战是5s管理常用的方法。凡是目前不用需要清理的，就地张贴红牌进行警告，限时纠正。一般是在现场选定一个区域作为整理场所，5s小组成员（由公司或企业指定）到现场，找问题、贴红牌，每张发行的红牌都要按单位或区域进行记录。被贴红牌部门要限期整改，整改时间一般可分为立刻、3天、1周、2周、1个月、待定等。

主要任务：

学生 2 人一组，1 人模拟 5s 小组组长，在教室选定一座位模拟生产现场，作为整理场所，用红牌作战法完成整理。任务要求：按照要和不要的基准进行，小组讨论后一起下红牌。

知识目标：

1. 掌握 5s 定义和 5s 内容；

2. 掌握推行 5s 的工具和方法。

能力目标：

能利用 5s 工具进行现场管理。

素质目标：

完成任务的态度、完成任务的质量、知识应用能力、书面表达能力、语言表达能力、与人合作能力。

二、任务分析

要完成上述任务，必须了解 5s 内容和 5s 之间的关系，重点掌握推行 5s 的工具和方法。

三、相关知识

1. 5S 定义

5S 是整理（Seiri）、整顿（Seiton）、清扫（Seiso）、清洁（Seikeetsu）和修身（Shitsuke）这 5 个词的缩写。因为这 5 个词日语中罗马拼音的第一个字母都是 S，所以简称为 5S，开展以整理、整顿、清扫、清洁和修身为内容的活动，称为 5S 活动。

2. 5S 活动的内容

（1）整理

① 整理的定义

区分要与不要的物品，现场只保留必需的物品。

② 整理的目的

改善和增加作业面积；现场无杂物，行道通畅，提高工作效率；减少磕碰的机会，保障安全，提高质量；消除管理上的混放、混料等差错事故；有利于减少库存量，节约资金；改变作风，提高工作效率。

③ 要和不要的标准

要：正常的设备、机器、照明或电气装置；附属设备（工作台、料架）；板车、推车、堆高机；正常使用中的工具；正常使用的工作桌、工作椅；尚有使用价值的消耗用品；原材料、半成品、成品及尚有利用价值的浇道料或次料；垫板、胶桶、油桶、化学用品、防尘用品；使用中的垃圾桶、垃圾袋、清洁用品；使用中的样品；办公用品、文具；推行中的海报、目视板、看板；推行中的有用文件、图纸、作业指导书、报表等；消防设施、安全标识；使用中的工具柜、个人工具柜和更衣柜；饮水机、茶具；最近三天的报纸、未枯死发黄的盆景；其他物品。

不要：地面上（或地板上）废纸、灰尘、杂物、烟蒂；油污；不再使用的设备、工夹具、模具；不再使用的办公用品、垃圾桶；破垫板、纸箱、抹布、包装物；呆料或过期样品；过时的定置线、标识。

桌子或柜子 破旧的书籍、报纸；破桌垫、台垫和椅垫；老旧无用的报表、账本；损耗的工具、余料、样品；空的饮料瓶、食品袋等杂物；无用的劳保用品、须丢弃的工作服

墙壁上(目视板上) 蜘蛛网、灰尘、污渍、胶渍；过期的海报、公告物、标语；无用的提案箱、卡片箱、挂架；过时的公告物、标语、信息；损坏的提示牌、灯箱、时钟；破损的文件袋；乱写乱画的字迹、残留的张贴物。

吊(挂)着的 工作台上过期的作业指导书；不再使用的配线、配管；不再使用的老吊扇；不再使用的工具。

④ 不需要品的处置

经整理出的不需要设备、工夹具、模具或产品，贴上红牌，并按类别登记到5S红牌作战统计表上；对有一定变卖价值的不要设备等，每月固定日期须呈请公司主管或企业经理核准批示，做是否变卖结论。

(2) 整顿

① 整顿的定义

必需品依规定定位、定方法摆放整齐有序，明确标示。

② 整顿的目的

不浪费时间寻找物品，提高工作效率和产品质量，保障生产安全。

③ 整顿三要素

a. 放置场所：

放置场所原则上100%设定；物品保管要定点、定容、定置；生产线附近只放真正需要的物品。

b. 放置方法：

易取，不超出所规定范围，要在放置方法上下功夫。

c. 标示方法：

放置场所与物品原则上一对一表示；现场标示与放置标示一致；某些标示方法必须全公司统一；在标示方法上下功夫。

④ 整顿活动的要点

物品摆放要有固定的地点和区域，以便于寻找，消除因混放而造成的差错；物品摆放地点要科学合理。例如，根据物品使用的频率，经常使用的东西应放得近些(如放在作业区内)，偶而使用或不常使用的东西则应放得远些(如集中放在车间某处)；物品摆放目视化，使定量装载的物品做到过日知数，摆放不同物品的区域采用不同的色彩和标记加以区别。

(3) 清扫

① 清扫的定义

清除现场内的脏污、清除作业区域的物料垃圾。

② 清扫的目的

清除"脏污"，保持现场干净、明亮。

③ 清扫活动的要点

自己使用的物品，如设备、工具等，要自己清扫，而不要依赖他人，不增加专门的清扫工；对设备的清扫，着眼于对设备的维护保养。清扫设备要同设备的点检结合起来，清

扫即点检；清扫设备要同时做设备的润滑工作，清扫也是保养；清扫也是为了改善。当清扫地面发现有飞屑和油水泄漏时，要查明原因，并采取措施加以改进。

（4）清洁

① 清洁的定义

将整理、整顿、清扫实施的做法制度化、规范化，维持其成果。

② 清洁的目的

认真维护并坚持整理、整顿、清扫的效果，使其保持最佳状态。

③ 清洁活动的要点

车间环境不仅要整齐，而且要做到清洁卫生，保证工人身体健康，提高工人劳动热情；不仅物品要清洁，而且工人本身也要做到清洁，如工作服要清洁，仪表要整洁，及时理发、刮须、修指甲、洗澡等；工人不仅要做到形体上的清洁，而且要做到精神上的"清洁"，待人要讲礼貌、要尊重别人；要使环境不受污染，进一步消除浑浊的空气、粉尘、噪声和污染源，消灭职业病。

（5）素养（也称作教养或修养）

① 素养的定义

人人按章操作、依规行事，养成良好的习惯。

② 素养的目的

营造团体精神；提高员工文明礼貌水准；培养具有好习惯、遵守规则的员工。

素养在于努力提高人员的修身，使人员养成严格遵守规章制度的习惯和作风，是5S活动的核心。

3. 5S 之间的关系

整理是整顿的基础，整顿是对整理的巩固，清扫显示了整顿和整理的效果，而清洁和素养则使企业形成一个整体的良好气氛。5S关系图如图4-2所示。

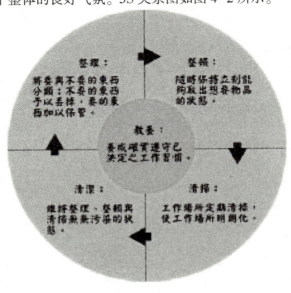

图 4-2　5S 关系图

4. 5S 推行方法

（1）定点照相法

定点照相，就是对同一地点，面对同一方向，进行持续性的照相，其目的就是把现场不合理现象，包括作业、设备、流程与工作方法予以定点拍摄，并且进行连续性改善的一种手法。

（2）红牌作战法

使用红牌子，使工作人员都能一目了然地知道工厂的缺点在哪里，而贴红牌的对象，包括库存、机器、设备及空间，使各级主管都能一眼看出什么东西是必需品，什么东西是多余的。

（3）看板作战法

使工作现场人员，都能一眼就知道何处有什么东西，有多少的数量，同时亦可将整体管理的内容、流程以及订货、交货日程与工作排程，制作成看板，使工作人员易于了解，以进行必要的作业。

（4）颜色管理法

颜色管理就是运用工作者对色彩的分辨能力和特有的联想力，将复杂的管理问题，简化成不同色彩，区分不同的程度，以直觉与目视的方法，以呈现问题的本质和问题改善的情况，使每一个人对问题有相同的认识和了解。

（5）检查表法

企业（公司）对 5S 实施过程及其结果要定期检查，车间班组对实施情况进行检查，同时记录在检查表上，并对改善情况及时跟踪确认。车间 5S 检查表如表 4-7 所示。

表 4-7 车间 5S 检查表

责任区域/责任人：　　　　　　检查日期：　　　年　　月　　日

项次		检查内容	配分	得分	缺点事项
（一）整理		工作区域是否有与工作无关的东西	5		
		物料、工具及刀具等摆放是否整齐有序（放置于工具架上）	5		
		空置台面、柜台上是否有不需要的东西	5		
		已坏的产品及废料、余料是否及时处理	5		
		小计	20		
（二）整顿		工作区域是否有落地部件。落地部件是否有固定位置盛放	5		
		工作区域通道是否畅通，界线是否清晰	5		
		各种生产报表、记录本是否标识、摆放整齐	5		
		成品、半成品、样品、不合格品等是否标识清楚	5		
		不良品及不良区域是否使用红色标识	5		
		小计	25		
（三）清扫		工作区域是否整洁，是否有尘垢	5		
		生产线使用的机器、仪器、工具等是否清洁无油污	5		
		生产线使用的容器是否清洁、标识、摆放整齐	5		
		小计	15		

项次	检查内容	配分	得分	缺点事项
（四）清洁	各种白板书写是否及时、整齐、美观	5		
	进入工作区域时是否穿戴好工作服	5		
	上班时相关人员是否在工作区域抽烟，地面是否有烟蒂	5		
	整个工作区域规划是否合理、顺畅、整洁	5		
	小计	20		
（五）素养	员工是否完全明白5S的含义	5		
	员工是否有随地吐痰及乱扔垃圾现象	5		
	车间是否安静（员工不可大声讲话）	5		
	下班时员工是否有序地离开	5		
	小计	20		
合计		100		
评语				

注：每周检查1次，每月检查四次，320（含）分以上为合格，不足之处自行改善；250~320分须向检查小组作书面改善报告；250分以下，在月底总结中向检查小组作书面改善报告外，并还将全厂通报批评。

区域责任人签字： 检查人： 审核：

四、任务实施

任务实施可按照任务布置、准备、执行、评价、验收五个阶段进行，操作方法参照情境一中的任务实施部分，结合本次任务进行。

五、任务评价

任务完成考核评分与情境一中的任务评价部分相同。

六、归纳总结

5S管理就是整理、整顿、清扫、清洁和素养五个项目。其中，整理是整顿的基础，整顿是对整理的巩固，清扫显示了整顿和整理的效果，清洁养成保持的习惯，素养在于努力提高人员的修身，使人员养成严格遵守规章制度的习惯和作风。

推行5S方法有定点照相法、红牌作战法、检查表法、颜色管理法、看板作战法等。

七、课外阅读

5S管理案例

某纺织品公司，早在2004年就完成了5S的全面推行，取得了巨大的成绩。原先该公司由于行业的原因，工作环境极容易惹尘，无法于电子食品等行业相比，但公司对厂房的清洁十分重视且不懈地改善，自从推行了5S活动后，厂房的清洁发生了奇迹般的变化。在5S活动推行之前，清洁活动只停留在表面，每周一次的大扫除只是对地面和容易清扫的地方进行清洁，日常则由清洁工人代劳。5S活动后，全体员工对"清洁"两字有了深入的认识，每次清洁从地面到天花板彻底清洁，自颁布了《清洁制度和基准》后，每天都坚持5分钟清洁，有效地保持了环境的清洁。尤其每月一次的部门之间的清洁活动竞赛，使全体员工更加认真地对待日常清洁。

整理

档案附有清楚的标识，采用了数字管理，方便查阅和取放。坚持清除每天产生的垃圾和不要品，不再任其堆积成山。仓库和工场对大捆大卷的布料堆放，现高 1.8 米，并注意做足安全措施。因为制定了《必要品与不要品的判定基准》和《常用程度基准表》，使员工都清楚如何判断和归位。

整顿

厂房地面划有区域黄色，规范了各物品的存放位置，环境更加整齐。样板房清楚陈列各类样品，并注明型号、名称和资料号。原材料和存货则按"先入先出"为原则，采用了颜色管理，清晰了日期的先后。

清扫

新购和加装自动巡回式清扫器，将尘埃控制在源头，经常清扫机器周围最易积聚尘埃的地方。衣车旁配备胶箱容纳刚完成的衣料，以免垂落地面而弄脏衣料。机器每次进行例行维修的同时进行清理和清洁。

清洁

运用看板管理，将业务员业绩图表化。为某些机器特制了一些透明外壳，防尘防污。设计了《每日清洁稽查表》，互相检查互相监督，将结果每日公布，促进改良性竞争。对油口、水槽、杂池，接口等特殊部位规定了清洁程度和清扫周期。

素养

设备控制版面加装透明盖，便于透视且起到防护作用。每次下班，操作员均能自觉将透明防护盖盖好并保持干净。经常组织人员学习安全知识，工伤人数明显减少。由于 5S 活动的开展，相邻工序的员工自觉互检互助，工作效率和品质逐渐提升。

究其原因，该公司实施 5S 之所以会成功首先是因为公司自上而下十分重视，对 5S 有一个清晰而正确的认识，将其与大扫除区分开来，认识更加深入。其次，公司在 5S 的推行中处处都结合自身企业特色来制定标识、制度以及一些相关的检查表等，还依据企业生产特点采用了巡回式清扫器，将污染堵在源头。公司还定期组织各种活动，提高了员工对 5S 的重视程度以及工作热情。因此该公司推行的成功不是偶然的而是必然的，这些也正是值得其他企业借鉴的。

八、课后训练

1. 知识训练题

（1）5S 活动包括哪些内容？

（2）5S 之间关系如何？

2. 能力训练题

调查某化工企业一个车间，写一份车间推行 5S 活动的调查报告。

情境五　化工企业设备管理

任务一　化工设备大检修的施工管理

一般情况下，炼油和化工企业的设备往往具有高温、高压、易燃、易爆、有毒以及连续生产等特点，所以，若要确保企业安全有效的生产，就必须搞好化工企业的设备管理工作，抓好炼油和化工企业设备的系统大修，不仅为企业实现经济效益和社会效益提供保障，而且对于企业生产经营目标的实现具有极其重要的意义。

化工生产装置具有运行的连续性，很多设备在生产运行期间不能进行检修工作，设备大检修就是解决设备运行期间不能进行日常检修问题，是消除设备安全隐患的重要途径。只有加强设备大检修管理，才能保证设备大检修任务按期按质按量完成和检修后开车一次成功。某化工设备大检修如图 5-1 所示。

图 5-1　某化工设备大检修

一、任务介绍

【案例】

某石化公司设备检修管理办法，其中设备大检修期间的管理要求如下：

1. 检修准备工作要做到"六落实"，即：计划项目落实；设计图纸落实；检修配件落实；检修器材落实；施工人员落实；质量安全落实。

2. 检修过程中要保证设备检修质量，做到"三不交工"，即：不符合质量标准不交工；没有检修记录不交工；卫生规格化不好不交工。

3. 施工单位施行文明施工。做到"三条线"、"三不见天"、"三净"。

4. 机动设备处、生产车间应对各类设备进行检查，及时发现和处理各类检修问题。

5. 生产车间应严格执行"四不开车"原则，即检修质量不合格不开车；堵漏不彻底不开车；安全设施不合格不开车；环境卫生不合格不开车。

主要任务：

通过阅读相关文献和教材中的知识，说明化工设备大检修的内容和具体措施

知识目标：

1. 了解化工设备；

2. 掌握化工设备大检修的内容。

能力目标：

能够熟悉化工设备大检修的工作流程。

素质目标：

完成任务的态度、完成任务的质量、知识应用能力、书面表达能力、语言表达能力、与人合作能力。

二、任务分析

化工设备大检修的施工管理，必须要掌握化工设备大检修施工管理的三个环节。

三、相关知识

1. 术语

设备一般是指生产上所常用的机械和装置，是固定资产的主要组成部分，它是工业企业中可供长期使用并在使用中基本保持原有实物形态的物质资料的总称，化工生产设备的分类如图5-2所示。

图5-2 化工生产设备分类

2. 化工设备大检修的准备工作

（1）大检修项目的确定

大检修项目通常是由各厂区的机械员依据设备的生产和检修状况而提出的，然后经过

相关工程技术人员以及上级领导的多次探讨分析，再交给公司设备管理部门审核后，提交公司分管设备的副总经理确定。然而，一旦大修项目确定，各生产厂、技术管理部门、物资供应部门等都必须按确定的项目内容进行相关设备的大修准备工作。大修项目的计划制定包括：检修内容、检修项目名称、项目责任人、计划用工时和安全要求等内容。

（2）大检修物资准备的落实

对于大修用的备品、设备和材料等物资的准备工作是否到位直接关系到大修工作能否如期顺利开展。该步骤由生产单位申报大修物资计划，然后经各级审批，最后由物资供应部门按物资采购流程完成采购，同时由于大修的物资准备程序复杂，所涉及的领域较广，且每个环节环环相扣，所以，这就要求相关部门务必高度重视，并要积极参与其中，从而确保大修物资准备工作的落实到位。

（3）大修中承修单位任务的落实

化工设备大检修中的机、化、电、土、防等各专业的施工单位就有几十个之多，其中务必要通过《检修任务书》来明确规定工作内容、技术要求、完成时间、安全环保要求以及文明施工要求等。此外，区域相关机械技术员还应给施工单位的技术负责人进行专门的讲解与培训，通过大检修任务交接会等可以有效地将全部项目所涉及的难点、技术要求和重点提出来，让承修单位了解和掌握，从而确保化工设备大检修的质量和进度。

3. 化工设备大检修过程管理

（1）质量管理

对于企业来说，质量就等同于其生命与效益，因此，在化工设备大检修中必修重视质量管理工作。在此过程中可以专门成立了技术质量组，并汇聚电、化、机、土和防各专业的技术人员，负责大修技术方案的编写与会审，从而能够有效地解决大修中的技术问题。此外，公司还应该制定一整套大检修的质量检查验收标准，确保将任务分工具体，责任到人。在大检修间，通过专门的质量组要求各承修单位按大修质量流程表单要求，严格按程序填写检修的质量控制内容，同时，要使每天的检查监督结果等信息及时公布，并对检查出的问题追踪限期整改。

（2）进度管理

在化工设备检修中用时特别宝贵，尤其是连续性化工生产装置，其大修用时与进度管理贯穿大修的整个过程。所谓的进度管理指的是按停车前制定的网络计划对整个大修过程进行组织、协调，确保修理时间控制在计划用时范围之内，提高大检修的工作效率。经研究表明，通过采用网络理论知识来制定的系统大修计划-网络计划，它将化工设备大检修中机械、工艺、仪表、电气以及绝热等各专业有机结合起来，同时结合了系统大修中钳工、架工、仪表工和起重工等优点，是大修指挥部预定的奋斗目标，并且越来越受到人们的重视。

（3）安全管理

对化工设备的大检修，相关部门必须成立一个以安全生产为目的的大修安全组，并且必须是在专职安全工程师分管领导下进行工作，其工作内容为：大检修施工方案中安全施工措施的起草与审核；对危险源与存在安全隐患的物品进行辨识；对全体参修员工安全教育与安全技能培训；确保有专门人员时刻在大检修现场进行安全监管工作等。同时，还必须为化工设备的检修工作制定一套完善、具体的安全管理体系，从而确保大检修工作的安全、顺利进行。

【案例】 某石化公司催化裂化装置停工检修的有关规定：

停工检修的有关规定如下

1）进入设备作业的有关规定：

① 动火的有关规定

② 动土的有关规定

③ 科学文明检修的有关规定

2）检修现场的十大禁令

① 不戴安全帽、不穿工作制服者禁止进入现场；

② 穿凉鞋、高跟鞋者禁止进入现场；

③ 上班前饮酒者禁止进入现场；

④ 在作业中禁止打闹或者其他有碍作业的行为；

⑤ 检修现场禁止吸烟；

⑥ 禁止用汽油或其他化工溶剂清洗设备、机具和衣物；

⑦ 禁止随意泼洒油品、化学危险品、电石废渣；

⑧ 禁止堵塞消防通道；

⑨ 禁止挪用或损坏消防工具和设备；

⑩ 禁止将现场器材挪作他用。

4. 化工设备大检修的后续工作

（1）大检修竣工验收

① 清理现场。检修完毕，检修工要检修自己的工作有无遗留，同时要清理现场，将火种、油渍垃圾、边角废料全部扫除，不得在现场遗留任何材料、器具和废物，做到"工完、料净、场地清"。此外，要将栏杆、安全防护罩、装备盖板、接地、接零等安全设施全部恢复原状，但验收交工前不得拆除的警告牌和开启切断的物料管道阀门。

② 全面检查。设备或系统在验收交工前必须进行全面检查。对一个生产系统，应按工艺顺序或设备前后顺序进行检查，以免遗留。不论是生产系统还是单体装备除进行全面检查外，都应确定各种设备的重点检查内容，然后逐一进行检查。重点检查内容一般有：检查有无漏掉的检查项目；检修质量是否符合质量要求；按图检查该抽堵的盲板是否已抽堵；设备、部件、仪表、阀门等有无错装，其位置方向是否符合工艺要求；安全装置、设施是否灵敏、齐全、牢固、可靠；各种设备、管道内是否有遗留物；各种阀门是否处于开车生产前的正常开闭状态；电动机接线是否正确；冷却系统、润滑系统是否良好；设备安装固定是否牢靠等。

③ 试车。试车必须在经过上述全面检查并做好系统管理和单体装备内部的吹扫，对其完好、干净、畅通确认无误后才能进行。试车的规模有单机试车、分段试车和联动试车，内容有试温、试压、试漏、试安全装置及仪表灵敏度等。

● 试温。指高温设备，如加热器、反应炉等，按工艺要求升温至最高温度，耐火、耐热、保温的功能是否符合标准。

- 试压。严格按规定进行

- 试速。指对转动设备的验证，如搅拌器、离心机、鼓风机等。以规定的速度运转，观察其摩擦、震动等情况。试车时切勿站立在转动部件的切线方向，以免零件和异物飞出伤人。

- 安全装置及附件校验。安全阀按规定进行校验、定压、铅封；爆破片进行检查、测试和更换；压力表按规定校验、调试，达到灵敏可靠。

- 试漏。校验常压设备、管线的连接部位是否严密。可先以低于 0.1MPa 的空气（正负均可）或蒸汽试漏，观察其是否漏气、漏水或很快降压，然后再注入液体循环运行试漏，以防止开车后的跑冒滴漏。

- 化工联动试车。大检修指挥部应组织试车领导机构，明确试车总负责人和分段指挥者，按指定的试车方案组织试车。试车中发现异常现象应及时停车，查明原因、妥善处理后续试车。

【案例】 某石化公司竣工验收注意事项

坚持"六不交工，六不验收"。即计划修理的项目内容没有完成不交工，不验收；检修质量没有达到要求不交工，不验收；卫生规格化没搞好不交工，不验收；修后未实现完好或未达到无泄漏标准不交工，不验收；修理资料不完整不准确不交工，不验收；安全措施不完备不交工，不验收。

（2）技术总结

参加大检修的员工，尤其是工程技术人员设备大修完成后，必须认真回顾总结大修工作，并进行相关技术知识的梳理工作以及反思在技术上的工作情况。通过认真总结，反复比较从中找出差距，并吸取教训，以便在下次装置大修中提前做出高效率的检修方案和准备工作等，从而确保大检修的管理经验和技术水平得以不同程度的积累和提高。

（3）资料的整理和归档

在大检修工作完成后，必须安排专人进行大修资料的收集、整理和归档等工作，务必给下一次大修留下可查资料，进而提高检修的工作效率。其中，大修资料主要涉及：大修项目的方案、计划和文件重点项目的进度图等。

四、任务实施

任务实施可按照任务布置、准备、执行、评价、验收五个阶段进行，具体操作方法参照情境一中的任务实施部分，操作内容应结合本次任务进行。

【再次训练】完成上述任务之后，试试看你能完成"七、拓展训练 1"的任务吗？

五、任务评价

任务完成情况的考核评分与情境一中的任务评价部分相同，以此为标准进行评价。

六、归纳总结

化工企业是典型的装置型企业，整个生产过程是在由若干种设备构成的装置中进行的，因此，对于设备除了日常和定期保养外，设备的大检修也是必不可少的。设备在大检修期间施工管理是一项工作量大、参加人员多、涉及面广的工作。大检修期间的施工管理包括大检修施工前的准备工作；大检修过程管理；大检修的后续工作三个环节。本次任务是就设备大检修期间的管理要求进行训练，要求理解并掌握三个施工管理过程及要求。

七、拓展训练

1. 请你编制班组的"设备大检修后质量验收交工的管理要求"文件

2. 假如你车间的班长，请你根据下面的材料内容编写一份你们班的设备维护管理制度

【材料】

某石化公司车间设备维护管理制度

● 部门会同设备管理员在每年12月31日之前制定下一年度设备维护保养计划。

● 设备的维护保养实行专机制或包机制，做到台台设备、块块仪表有人负责。

● 设备管理员在每年12月31日之前制定下一年度设备巡回检查计划，并使巡回检查制度化。

● 按规定制定完善的设备操作规程，并严格执行。

● 岗位操作人员对使用的设备应做到"四懂"，懂原理、构造、用途、性能，"三会"会操作、维护保养、小故障排除，并通过岗位练兵和培训，考核合格发证后，才能持证单独操作设备。

● 操作人员必须做好以下主要工作：

1）严格按操作规程进行设备的启动、运行、停车。

2）必须坚守岗位，认真填写运行记录。

3）认真作好设备的润滑工作。

4）保持设备整洁及时消除跑、冒、滴、漏、卡。

● 操作人员发现设备有不正常情况，应立即检查原因及时反映。在紧急情况下应采取果断措施或立即停车，并上报和通知部门领导及设备管理员。不弄清原因，不排除故障，不得盲目开车。未处理的缺陷应记在运行记录上，并向下一班交代清楚。

● 定时、定点巡回检查，了解设备运行情况

● 发现设备缺陷要及时消除不能及时消除的缺陷要详细记录

● 所有备用(停用)设备应定期检查维护，注意防尘、防潮、防腐蚀。对长期不用设备还应定期进行试车，使所有备用设备处于良好状态。

● 部门负责人、设备管理员对设备维护保养制度贯彻执行情况进行监督检查，不断总结经验，改进管理方式。

● 未经站设备负责人同意批准，不得将配套设备拆件使用或移作他用，不得擅自改动设备，不得将设备私自外借。

八、课后训练

1. 知识训练题

(1) 化工设备大检修施工前的准备工作有哪些？

(2) 化工设备大检修过程如何管理？

(3) 化工设备大检修施工的安全措施有哪些？

(4) 化工设备大检修后应从哪几方面进行总结？

2. 能力训练题

(1) 调查某个化工企业，收集一份化工设备大检修管理的相关文件。

（2）从网上搜集某个在化工设备大检修期间发生的，由于操作问题导致安全事故的案例，并说明加强化工设备大检修管理的必要性。

任务二　化工企业设备事故管理

设备事故是指工业企业设备（包括各类生产设备、管道、厂房、建筑物、构筑物、仪器、电讯、动力、运输等设备或设施）因非正常损坏造成停产或效能降低，直接经济损失超过规定限额的行为或事件。加强设备事故的管理，其目的是对所发生的设备事故及时采取有效措施，防止事故扩大和再度发生。并从事故中吸取教训，防止事故重演，达到消灭事故，确保安全生产。

设备事故管理是全员的管理，同时也是全过程的管理。因此，各级领导和全体员工，都要高度重视，严格执行设备各项规程和各项管理制度，在事故发生之后，应按照相应规定，做好相关工作。图 5-3 所示为化工企业事故现场图。

图 5-3　某化工企业事故

一、任务介绍

【案例】

1994 年 8 月 24 日，某化工厂沸石脱硫装置脱硫剂吸附已近饱和，达不到吸附效果，决定对沸石再生。按正常操作程序对炉膛进行氮气置换，把供燃烧的燃料煤气引到点火器和加热炉根部。燃料气接通点火器，点燃点火器，把点火器插入炉膛，点火器正常燃烧。在开供炉膛燃料气阀门时，火焰熄灭，点火失败。在第二次点火插入点火器时，产生瞬间爆燃，火焰从视孔喷出 1m 多远。操作工人安全帽被气流击下，面部轻微烧伤。

主要任务：

通过阅读相关文献和教材中的知识，熟悉化工企业设备事故管理的工作流程

知识目标：

1. 掌握化工设备事故的分类；

2. 掌握化工企业设备事故管理的内容；

3. 熟悉防止化工企业设备事故的措施。

能力目标：

能够对媒体上报道的化工企业设备事故进行合理的分析。

素质目标：

完成任务的态度、完成任务的质量、知识应用能力、书面表达能力、语言表达能力、与人合作能力。

二、任务分析

要完以上任务，首先要掌握设备事故的分类，设备事故的性质，设备事故管理内容以及防止事故的措施。

三、相关知识

1. 术语

凡因设计、制造、安装、施工、使用、修理等原因造成的设备非正常损坏，直接经济损失超过规定限额的，均称设备事故。

2. 设备事故的分类

设备事故发生后，对事故责任者，在查清原因的基础上，要认真、严肃、实事求是地给予适当的处理，以教育事故本人和其他职工，各级领导也应从中找出企业管理的不足之处，主动承担领导应承担的责任。

1）设备事故按其发生的性质可分为以下三类：

① 责任事故。凡属人为原因，如违反操作规程、擅离工作岗位、超负荷运转、加工工艺不合理及维护修理不当等，致使设备损坏或效能降低者，称为责任事故。

② 质量事故。凡因设备原设计、制造、安装等原因，致使设备损坏或效能降低者，称为质量事故。

③ 自然事故。凡因遭受自然灾害，致使设备损坏或效能降低者，称为自然事故。

任何责任事故都要查清原因和责任，对事故责任者应按情节轻重、责任大小、认错态度分别给予批评教育、行政处分或经济处罚，触犯刑律者要依法制裁。

2）设备事故按直接经济损失分类

① 小事故：直接经济损失 1 万元（含 1 万元）以下的。

② 一般事故：直接经济损失超过 1 万元，小于 10 万元（含 10 万元）的。

③ 大型事故：直接经济损失超过 10 万元，小于 30 万元（含 30 万元）的。

④ 重大事故：直接经济损失超过 30 万元，小于 100 万元（含 100 万元）的。

⑤ 特大事故：直接经济损失超过 100 万元以上的。

3. 设备事故管理

1）设备科对设备事故的管理

设备科内应设专人（专职或兼职）管理全厂的设备事故，设备事故管理人员，必须责任心强，能坚持原则，并具有一定的专业知识及管理经验，应按照政府的有关法令，上级及本企业的有关制度和规定进行工作。

设备事故管理人员主要工作内容为：根据政府法令和上级有关规定，并结合本企业具体情况，草拟必要的规章制度或规定；组织或参加设备事故的调查处理；研究防止发生事故的措施；配合安全科组织对机修新工人或外单位施工人员进行安全教育；经常地对全厂职工进行防止设备事故的教育；定期总结、交流预防事故发生的经验和措施；做好日常的事故管理工作。日常事故管理工作包括：

（1）事故的调查、登记、统计和上报。

（2）整理和保管事故档案。

（3）进行月、季、年的设备事故分析，研究事故的规律和防止事故发生的对策，并采取相应的措施。

2）车间设备事故的管理

车间的设备主任、工艺员、设备员、工段长和班组长等，通常是生产第一线的有丰富实践经验的组织者和指挥者，同样他们在设备及事故管理方面也负有重要的责任。要认真贯彻上级的各项法令、规定、指示及各项制度，要狠抓落实，要经常对操作工、检修工的实际操作进行指导和监督，特别是要及时纠正错误的操作；加强设备检查，发现异常情况要及时解决，把事故消灭在萌芽状态。

车间设备管理员是设备事故的具体管理者，很多工作是通过设备管理员进行的。车间设备管理员首先要了解本车间设备的结构、原理、性能及工艺特点，从而掌握本车间存在哪些不安全因素，危险较大的应及时采取措施予以消除；对现场操作及维修人员，进行安全监督。此外参加车间设备事故调查处理，填事故报表，提出防止设备事故的措施，车间设备管理员对设备操作人员、检修人员进行有关安全教育考试。

生产车间发生了事故，必须按规定向上级报告，同时应注意保护事故现场，待上级部门到现场查看完毕后才能加以清理。事故取得正确结论后，应立即采取措施，防止再次发生类似事故，并把事故教训广泛宣传，提高安全生产的自觉性。

3）设备事故的处理

在设备事故发生后要及时保护现场，尽快调查、研究分析，找出事故原因，吸取教训，提出防范措施，并及时提出书面报告，上报主管部门，并相应地做好事故处理和职工教育工作，以求不再发生类似事故。

【案例】

1997年11月20日8时，陕西某化工集团复合肥公司磷酸车间决定放酸热洗磷酸浓缩系统。9时35分停气破真空，9时50分放酸，10时55分放空，11时加水，13时35分加满水通蒸汽热洗，15时05分停气，继续循环热洗。16时35分左右，石墨换热器与轴流泵之间的橡胶膨胀节突然破裂，大量清洗液（92℃）从裂口处喷出，将原料操作工党某、技术员贾某、管工张某、检修工徐某严重烫伤。4人经医院抢救无效，先后死亡。

事故原因：

直接原因是橡胶膨胀节存在间层腐蚀，致使其强度降低，受压时破裂。

间接原因是对膨胀节的重要性认识不足，重视不够，巡检疏忽大意，未发现膨胀节因长期使用而腐蚀的事故隐患。

防范措施：

（1）对浓缩系统的3个Dg800膨胀节，由车间单独建立管理台账，做好使用、更换及运行记录，检修工每天定期巡检，发现异常及时报告，及时处理。

（2）对在用膨胀节全部拆下进行检查，该更换的坚决更换，并给所有的膨胀节安装防护罩。

（3）对膨胀节提出技改方案，彻底解决膨胀节的事故隐患。

（4）落实安全生产责任制，按照有关规定对各部门职责进行明确划分，建立健全非标准件等方面的安全管理制度。

（5）按照事故"四不放过"的原则，加强对职工安全教育，提高职工的安全意识和自我保护意识。

4. 设备事故的报告和分析

1）设备事故的报告

（1）车间设备发生特大、重大和大设备事故，车间员工要保护现场，立即报告车间，车间要第一时间上报生产部和公司各位领导，积极配合各主管部门调查设备损坏情况，拍照备案，并提出抢修方案，并做好善后处理工作。

（2）一般事故及小设备事故发生后，由车间自行组织抢修和事故分析，并在24小时内由车间设备管理员报生产部。

（3）车间设备管理员要对车间内设备存在的安全隐患，不定期汇总并且上报生产部和公司总经理，对重大设备隐患，设备需停用或更换的要填写设备报告书，经公司总经理批准。

2）设备事故分析

（1）车间发生的特大、重大和大设备事故，车间要配合上级主管部门展开事故调查，分析必须查明性质、原因。明确事故损失、责任者。找出应吸取的教训及防范措施。

（2）一般事故由车间设备主任和有关工段（班）长以及当事者参加进行分析，经过分析必须查明事故发生的原因、性质、损失和责任者，并制订出防范措施。

5. 设备事故的预防措施

1）为了保证车间设备的正常运行，杜绝事故的发生，必须认真执行车间设备的各项管理规定，规范完善设备检查，做好设备的维护和保养，完善设备点检制度，定期检查各储罐液封、安全阀等安全保护装置，积极开展设备预检修工作，要做到防患于未然。

2）各生产班组要坚决制止违章冒险作业、设备超负荷和带病运行等不正常现象，检查要有侧重点，主要是车间各储罐的液位、放空是否正常。

3）认真贯彻执行"点检"、"预修"制度，明确检查点的检查周期、检查部位、检查内容、职责范围和落实到人并填写点检记录。发现异常现象，该操作者应立即处理，操作者不能处理的，向维修人员和领导反映及时处理，不得拖延，如一时不能处理，作预修计划，定期处理。

4）必须认真执行设备润滑制度，每一台设备都应绘制润滑图和编制润滑表，落实"五定"（即定点、定时、定质、定量、定人）根据润滑表，开展润滑工作。

5）设备操作人员在日常工作中要做到"三好"（管好、用好、维护好），"四会"（会使用、会保养、会检查、会排除故障）使事故消灭在萌芽中。

6）车间内要高度重视对设备事故的管理，落实好"预防为主"的方针，实行全员、全过程的管理，加强对员工的技术培训和安全生产的教育，严格督察设备管理各项规程、制度的执行情况。

四、任务实施

任务实施可按照任务布置、准备、执行、评价、验收五个阶段进行，具体操作方法参照情境一中的任务实施部分，操作内容应结合本次任务进行。

【再次训练】完成上述任务之后，试试看你能完成"七、拓展训练1"的任务吗？

五、任务评价

任务完成情况的考核评分与情境一中的任务评价部分相同，以此为标准进行评价。

六、归纳总结

凡因设计、制造、安装、施工、使用、修理等原因造成的设备非正常损坏，直接经济损失超过规定限额的，均称设备事故；化工企业设备事故按性质分为质量事故、自然事故、责任事故三类；化工企业事故按直接经济损失分为小事故、一般事故、大型事故、重大事故和特大事故五类。

七、拓展训练

请判断【案例1】和【案例2】事故发生的原因，指出防范设备事故的措施。

【案例1】

2008年6月16日16时30分左右，淄博某化工厂，其技术员进行检修试车过程中，违反离心机操作规程，对检修的离心机各进出口没有加装盲板隔开，也没有进行二氧化碳置换，造成离心机内的乙醇可燃性气体聚集。同时对检修的离心机搅龙与外包筒筒壁间隙也没有调整到位，违规开动离心机进行单机试车，致使离心机搅龙与外包筒筒壁摩擦起火，造成闪爆，引起火灾，造成7人受伤，直接经济损失12万元。

【案例2】

2010年9月11日16时，吉林某化工厂，因该厂空分车间的氧气不合格，不能装瓶，682氧气装瓶站的6名工人将室内的压缩机空气吹洗出口阀打开放空后，便集中在休息室内学习。18时50分，1名工人在点香烟时，火柴在富养中剧烈燃烧，改工人随即将火柴扔在地上用脚踩，火焰即由裤腿向上蔓延，另1名工人见状忙协助其进行扑救，不料自己身上也着起火来，顷刻之间室内烟火弥漫，有2名工人破窗逃出。班长、点烟的工人和1名工人夺门而出，协助灭火的那名工人因惊慌失措未将门拉开而烧死在休息室内，班长和点烟的工人因烧伤过重，经抢救无效而死亡，1名工人惊恐过度精神失常，其他2人轻伤。

八、课后训练

1. 知识训练题

（1）化工企业设备事故的性质是什么？

（2）化工企业设备事故按直接经济损失分哪几类？

（3）化工企业设备事故如何进行管理？

（4）化工企业设备事故的预防措施？

2. 能力训练题

收集最近本省发生的化工企业设备事故案例3个，分析事故类别、性质、原因及防治事故产生的措施。

情境六　化工企业QHSE管理

QHSE 指在质量（Quality）、健康（Health）、安全（Safety）和环境（Environmental）方面指挥和控制组织的管理体系，是在 ISO 9001 标准、ISO 14001 标准、GB/T28000 标准的基础上，根据共性兼容、个性互补的原则整合而成的管理体系，是质量管理、环境管理和职业健康安全管理三合一的管理体系。

它是为了满足顾客的需求、保证员工的安全、保护周边的环境，做到无事故、无伤害、无损失。QHSE 管理的核心是风险控制，包括危害辨识、风险评价、消减措施和应急管理四个环节。通过过程风险识别和控制规范管理、职责落实（职能分配）、制度建设（体系文件化）等，控制避免各类事故（不合格品、安全隐患、环境污染）的发生，因此 QHSE 管理体系是一个全员、全方位和全过程的管理体系。

企业通过建立实用有效的、综合的一体化的 QHSE 管理体系，为企业的质量、健康、安全和环境提供可靠的保证。

任务一　化工企业生产工艺参数控制

近年在化工企业实施开展质量管理工作时，提高了生产过程的质量管理，这是质量管理的核心，是实现预防为主的根本措施，是企业质量保证的关键性工作。生产过程中的质量管理是指从投料开始到成品的整个过程的质量风险控制，它是企业产品质量控制的重要环节，是产品符合质量要求的关键。

在生产过程中主要有控制物料、工艺参数、半成品等几个环节。通过风险辨识分析得出：工艺参数风险比较大，控制好工艺参数是生产过程中质量风险控制的重点，只有在生产中对生产操作参数进行控制调节，要求达到规定的控制指标，才能真正保证生产过程中的产品质量。

一、任务介绍

图 6-1 是某石化企业渣油加氢装置某岗位室内操作记录，这是操作工根据企业 DCS 操作系统的实时生产数据进行的记录，每 2 小时记录一次，交班前由班长签字，以此来监控生产过程中的各种工艺参数。在工艺卡片指标范围内调整操作条件，只有这样才能即保证安全又保证产品质量。

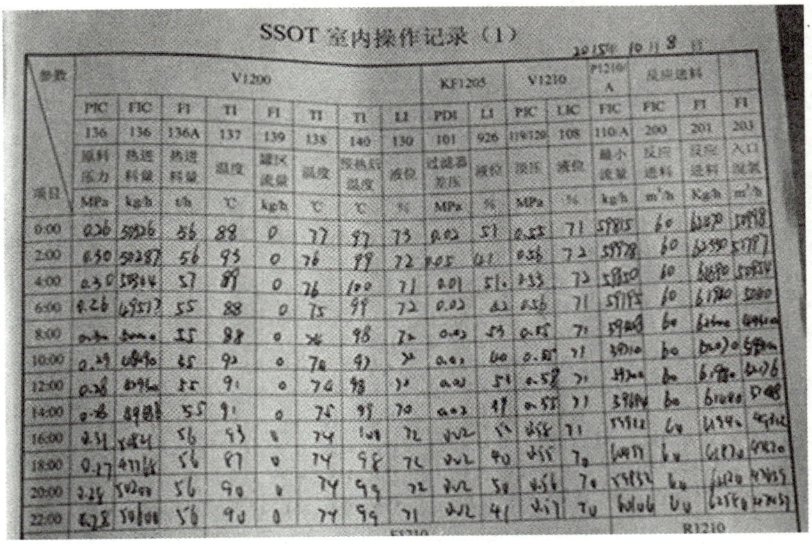

图 6-1 某石化企业渣油加氢装置室内操作记录

主要任务:

模拟渣油加氢分离岗位操作工,根据案例、教材知识、工艺卡片的操作指标,模拟填写"SSOT 高压分离系统室内操作记录"。

知识目标:

1. 了解工艺卡片包含的内容及作用;

2. 掌握化工企业生产中的质量控制内容;

3. 熟悉工艺参数记录。

能力目标:

能填写装置实际生产操作参数记录。

素质目标:

完成任务的态度、完成任务的质量、知识应用能力、书面表达能力、语言表达能力、与人合作能力。

SSOT 高压分离系统室内操作记录如表 6-1 所示。

表 6-1　SSOT 高压分离系统室内操作记录

参数	V1220	V1230					V1240			K1210		
	PI	PIC	FI	LIC	F1	LIC	FIC	TDI	LIC	FI	PIC	SIC
	460	907	908	902	903	905	804	806	809	865	867A	871A
项目	系统压力	压力	酸气流量	液位	生成油量	界位	贫DEA流量	温差	液位	循环气流量	入口压力	转速
	MPa	MPa	m³/h	%	kg/h	%	m³/h	℃	%	m³/h	MPa	r/min
0:00												
2:00												

续表

参数	V1220	V1230					V1240			K1210		
	PI	PIC	FI	LIC	F1	LIC	FIC	TDI	LIC	FI	PIC	SIC
	460	907	908	902	903	905	804	806	809	865	867A	871A
项目	系统压力	压力	酸气流量	液位	生成油量	界位	贫DEA流量	温差	液位	循环气流量	入口压力	转速
	MPa	MPa	m³/h	%	kg/h	%	m³/h	℃	%	m³/h	MPa	r/min
4：00												
6：00												
8：00												
10：00												
12：00												
14：00												
16：00												
18：00												
20：00												
22：00												

SSOT 高压分离系统主要工艺参数指标如表6-2所示。

表6-2 SSOT 高压分离系统主要工艺参数指标

项 目	单 位	参数范围
系统压力	MPa	14.50~14.90
V1230 压力	MPa	1.10~1.11
V1230 酸气流量	m³/h	400~450
V1230 液位	%	60~62
V1230 生成油量	kg/h	58000~62000
V1230 界位	%	12~19
V1240 贫 DEA 流量	m³/h	12.3~12.6
V1240 温差	℃	0~0.5
V1240 液位	%	60~62
K1210 循环气流量	m³/h	74000~79000
K1210 入口压力	MPa	14.5~14.9
K1210 转速	r/min	9800~10000

说明：以上参数仅供填写操作记录参考。

二、任务分析

要完成好上述任务，就要了解生产工艺流程相关内容，掌握化工企业生产中的质量控制内容，熟悉工艺参数记录。

三、相关知识

1. 渣油加氢工艺流程

（1）减压蜡油和减压渣油自装置外送入原料油缓冲罐。混合原料油经原料油增压泵升压后到分馏部分换热，并经原料油过滤器除去原料油中大于 $25\mu m$ 的杂质后进入滤后原料油缓冲罐。滤后原料油经加氢进料泵升压后进入反应系统。

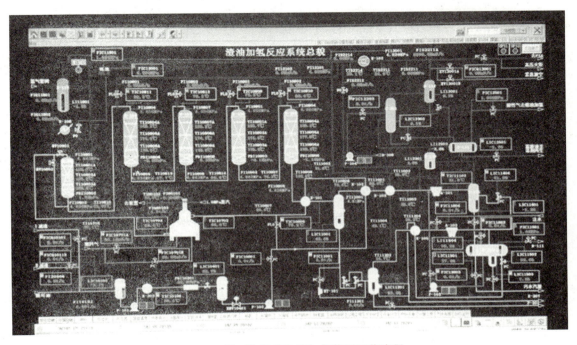

图 6-2 某石化企业渣油加氢装置工艺流程

（2）原料油和循环氢混合后与反应流出物换热，并经反应进料加热炉加热至反应所需温度后进入第一台加氢反应器。通过调节反应进料加热炉燃料量来控制第一台反应器入口温度。第一台反应器流出物依次通过其他两台反应器。各反应器的入口温度通过调节反应器入口冷氢量来控制。

（3）最终反应产物经过换热降温后进入热高压分离器进行气液分离。热高分油进入热低压分离器进行闪蒸分离。热高分气分别与反应进料、混合氢换热后，进入热高分气空冷器，经冷却后进入冷高压分离器进行气、油、水三相分离。冷高分气体（循环氢）经循环氢脱硫塔脱除 H2S，并经循环氢压缩机升压后，循环回反应部分。

操作工在生产过程中应根据装置工艺卡片的主要操作指标在其范围内调整各项目参数，对生产过程进行控制调节，以此保证生产过程的产品质量。其内容包括关键工艺参数、相关参数项目的名称、单位、指标及类别、动力指标等内容，是工艺参数调整的主要依据之一。

	项目名称	位号	单位	指标	指标类别	备注
装置关键工艺参数指标	D-101压力	PIC10201	MPa	0.24±0.05	A	
	D-101液位	LIC10202	%	60±10	B	
	R101入口压力	PIC10501	MPa	2.8±0.1	A	
	R101入口反应温度	TIC10501	℃	150±10	A	
	R101床层总温升		℃	≤20	A	
	C-101塔顶压力	PIC10601	MPa	0.45±0.01	A	
	C-101塔底温度	TI110608	℃	180±5	A	
	C-101塔底液位	LIC10603	%	50±5	B	
	R102入口压力	PI11101	MPa	1.75±0.05	A	
	R102入口反应温度	TIC11101	℃	250±15	B	
	R102床层总温升		℃	≤30	A	
	H-101炉膛温度	TI11208	℃	≤800	B	
	H-101炉管压降		MPa	≤0.15	B	
	R-103入口压力		MPa	1.75±0.05	A	
	R-103入口温度		℃	250±15	B	
	R-103床层总温升		℃	≤30	A	
	H-102炉膛温度		℃	≤800	B	
	H-102炉管压降		MPa	≤0.15	A	
	D-103液位	LIC11303	%	50±5	B	
	D-104液位	LIC11403	%	50±5	B	
	D-105液位		%	50±5	B	
	D-106液位		%	50±5	B	
	D-107压力	PIC12101	MPa	1.5±0.1	B	
	C-102塔顶压力		MPa	1.5±0.1	B	

项目名称	位号	单位	指标	指标类别	备注
A反应器入口温度	TI208	℃	260~420	A	
B反应器入口温度	TI227	℃	260~420	A	
A反应器总温升	TDI218	℃	≥50	A	
B反应器总温升	TDI237	℃	≥50	A	
反应产物气液分离罐压力	PIC214	MPa(g)	0.15~0.35	B	
E103冷后温度	TI301	℃	≤45	B	
富气压缩机出口压力	PI216	MPa(g)	≤1.25		
吸收解吸塔顶压力	PIC301	MPa(g)	0.8~1.2		
吸收解吸塔顶温度	TI303	℃	≤44		
吸收解吸塔底温度	TIC302A	℃	≤103		
稳定塔顶压力	PIC303	MPa(g)	0.7~0.9		
稳定塔顶温度	TI304	℃	≤65		
稳定塔底温度	TIC306A	℃	135~160		
稳定塔顶回流量	FIC307	kg/h	≤14200	A	
稳定塔底加热蒸汽流量	FIC306	kg/h	≤6455		
再生压力	PIC213	MPa(g)	0.4~0.5		
A反应器再生温度	TI219	℃	400~450		
B反应器再生温度	TI238	℃	400~450		
蒸汽进装置压力	PI402	Mpa	≤0.80	C	
循环水进装置温度	TI403	℃	≥32		
循环水进装置压力		Mpa	≤0.30		
净化风进装置压力	PI403	Mpa	≤0.45		
非净化风进装置压力	PI405	Mpa	≤0.45		
氮气进装置压力	PI404	Mpa	≤0.60	C	

图6-3　某装置工艺卡片图

2. 生产过程中的质量控制

化工生产过程的工艺参数控制主要指温度控制、压力的控制、控制投料速率和配比超量杂质和副反应的控制、溢料和泄漏的控制等。

1）温度控制

不同的化学反应都有其自己最适宜的反应温度，正确控制反应温度不但对保证产品质量，降低消耗有重要意义，而且也是防火、防爆所必须的。如果超温，反应物有可能着火，造成压力升高，导致爆炸，也可能因温度过高产生副反应，生成新的危险物。升温过快，过高或冷却降温设施发生故障，还可能引起剧烈反应发生爆炸，温度过低有时会造成反应速度减慢或停滞，而且不反应温度恢复正常时，则往往会因为未反应的物料过多而发生剧烈反应引起爆炸。在生产过程中，必须防止工艺温度过高或过低。

2）压力控制

化工生产过程是在一定的压力条件下进行的，压力的高低反映了设备内物质量及其能量的大小。压力会影响生产过程、安全、设备状况、产品质量等。生产过程中一般先保证压力稳定，在压力稳定的前提下，再进行温度控制。

3）控制投料速度、配比

对于反应，投料速度不能超过设备的传热能力，否则物料温度将会急剧升高，引起物料的分解突沸，产生事故。投入物料配比，在反应中也十分重要。物料配比适宜，反应既安全又经济，否则，既不安全又增加消耗。因此投料速度和配比必须严格控制。

4）超量杂质和副反应的控制

许多化学反应，由于反应物料中杂质的增加而导致副反应的发生，无论从哪方面讲，超量杂质的存在和副反应的发生，对生产都是不利的。因此，化工生产原料、成品的质量及包装的标准化是保证生产安全的重要条件。

5）溢料和泄漏的控制

溢料和泄漏在化工生产中是不允许的，如果溢出和泄漏出的是易燃物，则遇到明火就会引起燃烧。因此，在化工生产中不仅要注意工艺过程中物料的泄漏，而且要防止储存及运输过程中物料的泄漏，尤其要防止有爆炸危险物质的泄漏。

生产过程中只有同时控制好以上各方面参数，才能保证生产的质量，保障安全生产。

3. 工艺参数记录

工艺参数记录是阐明所取得的结果或提供所完成活动的证据文件，是质量管理体系有效运行的证明，也是采取纠正、预防措施的依据。室内操作记录是对实际生产操作参数的记录，通过记录对比工艺卡片要求的质量指标和设备的操作条件，不断调整实际操作，使其符合工艺卡片要求的控制指标，保证生产过程中的产品质量。

四、任务实施

任务的实施可按照任务布置、准备、执行、评价、验收五个阶段进行，具体操作方法参照情景一中的任务实施部分，操作内容应结合本次任务进行。

五、任务评价

任务完成情况的考核评分与情景一中的任务评价部分相同，以此为标准进行评价。

六、归纳总结

化工生产过程的工艺参数控制是质量控制的重点。要求在生产过程中对来源于 DCS 操作系统的实时生产数据进行记录，一般每 2 小时记录一次，然后在工艺卡片指标范围内调整各项目参数。本次任务是模拟填写 SSOT 高压分离系统室内操作记录。

七、拓展训练

请根据下列材料以班组安全员的身份，制定本班工艺参数记录管理规定。

企业工艺参数记录管理规定

第一章　总　　则

第一条　为加强装置工艺记录管理，规范装置工艺记录的内容、收集、归档管理，特制定本管理规定。

第二条　本规定适用于中国石油炼化企业。

第二章　管理内容

第三条　原始记录要由相关岗位人员填写。岗位操作记录和交接班日记由规定的岗位操作人员填写，日常管理由车间(装置)工艺技术人员负责。

第四条　采用 DCS 控制的装置，操作数据部分可用计算机进行打印，存档保存。技术管理部门要定期对装置工艺记录的记录、收集、保存情况进行检查与考核。

第五条　不管是否采用DCS控制，操作人员必须按时手工填写工艺记录。

第六条　操作记录和交接班日记的填写规范。

1. 操作记录和交接班日记要真实记录生产实际状况；

2. 操作记录要在规定时间内填写；

3. 交接班日记和操作记录不得涂改和刮改，若出现笔误，应用"——"横线划改；

4. 交接班日记和操作记录须用蓝黑墨水或碳素墨水使用仿宋体书写；

5. 操作记录必须保持整洁干净；

6. 操作记录要按时签名；

7. 交接班日记必须把当班本岗位情况详细记录下来，向下班交待清楚，不得故意隐瞒实情；

8. 交接班后接班者必须在交接班日记上签名，并记录接班时本岗位情况。

第七条　技术管理部门要定期对装置工艺记录进行检查，车间（装置）要指定管理人员定期对工艺记录进行检查并签字。

第八条　车间（装置）技术人员应及时收集记录，防止遗漏、积攒，并按日期顺序整理好，在安全场所分类放置并加以标识，以便于检索、存取。

第三章　装置工艺记录内容

第九条　装置工艺记录内容

1. 装置主要操作参数数据记录；

2. 分析记录：原料、半成品和产品质量分析；装置外排污水分析；锅炉水质分析、机组润滑油分析等项；

3. 装置物料平衡记录；

4. 主要能源及原材料消耗记录；

5. 主要化工原材料分析与使用记录；

6. 装置长周期运行关键控制数据、装置隐患部位监控数据。

第十条　交接班记录内容

1. 各岗位交接班内容装置可根据岗位特点确定，当班时间内本岗位的工作内容必须交接清楚。

2. 运行工程师交接班记录包括以下内容：

装置加工计划完成情况及分析；装置馏出口质量指标完成情况及分析；装置工艺方案执行情况、操作调整情况、操作变动确认情况；装置的能源消耗情况；装置运行情况简述；本班运行控制过程中存在的问题及解决情况；交班时存在的技术问题。

3. 班长交接班记录包括以下内容：

接班情况主要包括重点部位预检情况；本班工艺卡片执行情况；重点部位、隐患部位监控情况；原料切换、生产方案变化情况；上级指令执行情况；设备运行情况，包括动设备、静设备、控制仪表；安全、消防设施及现场安全状况；环保及现场环境卫生情况；劳动纪律及班组成员出勤情况其他需要说明的情况，包括工器具交接等。

第四章　装置工艺记录审批管理

第十一条　增、减新的装置工艺记录，需由使用单位提出申请，经技术管理部门审核批准后，进行登记、编号后方可印制下发。

八、课后训练

1. 化工企业生产中的质量控制内容有哪些？
2. 工艺卡片的内容和作用是什么？

任务二　化工企业许可证管理

化工生产中的物料绝大多数是易燃、易爆、有毒、有腐蚀性的化学品；各类化工设备种类繁多、用途不一；生产规模向大型化发展；生产方式多数是连续性自动化生产。这些特点决定了化工企业的生产过程是有危险性的，一旦发生事故轻则影响产品的质量和产量，影响生产的正常进行，重则造成人身伤亡和巨大的财产损失，甚至导致厂毁人亡、环境污染。因此安全管理是企业管理体系的一个重要方面。安全管理的核心是对风险进行预测和控制，避免事故的发生。化工企业的许可证就是风险控制的内容之一，其作用是确保非常规生产（如检修）或特种作业（动火作业、动土作业、进入容器设备作业等）的控制和安全运行，确保安全管理工作符合 HSE 的规范要求。

一、任务介绍

动火作业应严格执行"六大禁令"的安全规定，动火前必须办理"动火作业安全许可证"。表6-3是某化工企业"动火作业安全许可证"，内容包括：动火类型与等级、风险分析、预防措施、应急措施等，还包括其他的一些具体管理要求，是企业在进行动火作业前进行风险控制的有效方法之一。

主要任务：

根据图中内容和教材的相关知识，分组练习填写"动火作业安全许可证"（注意角色变换）

知识目标：

1. 掌握许可证的审批程序；
2. 熟悉许可证的使用范围；
3. 熟悉特种作业许可证的办理范围及作业内容。

能力目标：

能填写化工企业各类相关的许可证。

素质目标：

完成任务的态度、完成任务的质量、知识应用能力、书面表达能力、语言表达能力、与人合作能力。

二、任务分析

要完成上面的任务，首先要了解许可证的含义，熟悉许可证的使用范围，熟悉特种作业许可证的办理范围及作业内容，重点掌握许可证的审批程序。

表 6-3 动火作业许可证

编号 _____   动火级别(_____级)   第　联

申请部门			动火地点			
动火执行人			监火人		动火作业负责人	
动火方式						
动火时间	年　月　日　时　分至　年　月　日　时　分					
采样检测时间	年　月　日　时	年　月　日　时		年　月　日　时		
采样地点						
分析结果						
分析人						

危害识别：

序号	主要安全措施	确认人签字
1	用火设备内部构件清理干净，蒸汽吹扫或水洗合格，达到用火条件	
2	断开与用火设备相连接的所有管线，加盲板(　)块	
3	用火点周围(最小半径15m)的下水井、地漏、地沟、电缆沟等已清楚易燃物，并已采取覆盖、铺沙、水封等手段进行隔离	
4	罐区内用火点同一圈堰内和防火间距内的油罐不得进行脱水作业	
5	高处作业应采取防火花飞溅措施	
6	清除用火点周围易燃物	
7	电焊回路线应接在焊件上，把线不得穿过下水井或与其他设备搭接	
8	乙炔气瓶(禁止卧放)、氧气瓶与火源间的距离不得少于10m	
9	现场配备消防蒸汽带(　)根，灭火器(　)台，铁锹(　)把，石棉布(　)块	
10	其他安全措施：	

特殊动火会签

动火前，岗位当班班长验票签字：

　　　　　　　　　　　　　　　　　　　　　　　　　　　年　月　日　时

申请用火基层单位意见	生产、消防等相关单位意见	安全监督管理部门意见	领导审批意见
年　月　日	年　月　日	年　月　日	年　月　日

完工验收：

　　　　　　　　　签名：　　　　　年　月　日　时　分

三、相关知识

1）动火作业

能直接或间接产生明火的工艺设置以外的非常规作业，如使用电焊、气焊(割)、喷灯、电钻、砂轮等进行可能产生火焰、火花和炽热面的非常规作业。装置检修动火作业如图 6-4 所示。

动火作业分为特殊动火作业、一级动火作业、和二级动火作业三级。

（1）特殊动火作业：在生产运行状态下的易燃易爆生产装置、输送管道、储罐、容器等。部位上及其他特殊危险场所进行动火作业。带压不置换动火作业按特殊动火作业管理。

（2）一级动火作业：在易燃易爆场所进行的除特殊动火作业以外的动火作业。厂区管廊上的动火作业按一级动火作业管理。

图 6-4　装置检修动火作业

（3）二级动火作业：是除特殊动火作业和一级动火作业以外的禁火区的动火作业。

（4）遇节日、假日或其他特殊情况时，动火作业应升级管理。

（5）在生产不稳定的情况下不得进行带压不置换动火作业。

2）动火分析合格判定

（1）当被测气体或蒸气的爆炸下限≥4%时，其被测浓度<0.5%（体积百分数）。

（2）当被测气体或蒸气的爆炸下限<4%时，其被测浓度<0.2%（体积百分数）。

图 6-5　动火作业前进行动火分析

（3）取样与动火间隔不得越过 30 分钟，如超过此间隔空间或动火作业中断时间超过 30 分钟，应重新取样分析。特殊动火作业期间还应随时进行监测。动火作业前进行动火分析如图 6-5 所示。

3）在设备外部动火作业，应进行环境分析，且分析范围不小于动火点 10m。

4）《作业证》由动火作业负责人按规定程序办理。

办证人须按《动火安全作业证》的项目逐项填写，不得空项；然后根据动火等级，按规定的审批权限办理审批手续；最后将办理好的《动火安全作业证》交动火负责人。

动火负责人持办理好的《动火安全作业证》到现场，检查动火作业安全措施落实情况，确认安全措施可靠并向动火人和监火人交代安全注意事项后，将《动火安全作业证》交给动火执行人。

5）一份《动火安全作业证》只准在一个动火点使用，动火后，由动火执行人在《动火安全作业证》上签字。如果在同一动火点多人同时动火作业，可使用一份《动火安全作业证》，但参加动火作业的所有动火人应分别在《动火安全作业证》上签字。《动火安全作业证》不准转让、涂改，不准异地使用或扩大使用范围。

6）《动火安全作业证》一式三份。

二级动火《作业证》由动火执行人、动火所在部门各持一份存查；一级、特级动火《作业证》由动火执行人、动火所在部门、动火所在部门各持一份存查。

7)《作业证》的审批

(1) 二级动火作业的《动火证》由动火点所在生产车间负责人审批。

(2) 一级动火作业的《作业证》由生产车间负责人审核，公司安全管理部门审批。

(3) 特殊动火作业的《作业证》由动火点所在生产车间、公司总调、消防队负责审核；公司安全管理部门负责初审，公司安全负责人或总工程师终审批准。

8)《作业证》的有效期

(1) 特殊动火作业和一级动火作业的《作业证》有效期不超过 8h。

(2) 二级动火作业的《作业证》有效期不超过 72h，动火作业超过有效期限应重新办理《动火安全作业证》，每日动火前应进行动火分析。

9) 验证

(1) 作业前，作业单位现场负责人需持审批后的票证交作业点所在(生产)单位的当班(岗位)负责人验票同意。

(2) 作业完成后，现场应由作业单位项目负责人及生产单位负责人共同验收确认。

10) 进入设备内、高处等进行动火作业，还应执行《受限空间作业安全规范》和《高处作业安全规范》。

进入受限空间作业指进入或探入化学品生产单位的受限空间进行的作业。受限空间包括：各类塔、釜、槽、罐、炉膛、锅筒、管道、容器以及地下室、窨井、坑(池)、下水道或其他封闭、半封闭场所。

高处作业指凡距坠落高度基准面 2m 及其以上，有可能坠落的高处进行的作业。

11) 职责要求

(1) 动火作业负责人

实施动火作业车间领导或外委项目负责人担任动火作业负责人，对动火作业负全面责任，必须在动火作业前详细了解作业内容和动火部位及周围情况，制定、落实动火安全措施，交代作业任务和防火安全注意事项。动火作业现场如图 6-6 所示。

图 6-6　动火作业现场

(2) 动火人

动火人在动火作业前须核实各项内容是否落实，审批手续是否完备，若发现不具备条件时，有权拒绝动火。动火前应主动向监火人呈验《动火作业许可证》，经双方签名并注明动火时间后，方可实施动火作业。

(3) 监火人

监火人应由动火地点、设施管理权限单位指定责任心强、掌握安全防火知识的人员担任。未划分管理权限的地点、设施动火作业，由动火作业单位指派监火人。

监火人必须持公司统一的标志上岗，负责动火现场的监护与检查，随时扑灭动火飞溅的火花，发现异常情况应立即通知动火人停止动火作业。在动火作业期间，监火人必须坚守岗位，动火作业完成后，应会同有关人员清理现场，清除残火，确认无遗留火种后方可离开现场。

（4）安全监督员

实施动火作业单位和动火地点、设施所在单位（管理权限的分厂）安全员应负责检查本标准执行情况和安全措施落实情况，随时纠正违章作业。

（5）动火作业的审批人

审批人在审批动火作业前必须熟悉动火作业现场情况，确定是否需要动火分析，审查动火等级、安全保障措施。在确认符合要求后方可批准。

12）其他事项须遵照《化学品生产单位动火作业安全规范》AQ3022—2008 规定。

13）关闭/结束

申请人应当遵守安全工作方案，只有在按照许可证条件完成工作的前提下方可以关闭许可证，申请方应执行工作后的安全措施，经批准人代表与申请人共同检查验收后，通知工作已经完成，方可撤销工作前安全措施。

申请人应在完工后，在许可证第一联上签字关闭，并将其返还给批准人进行最终的签字和取消。

14）存档工作完成后，正本由申请人签字关闭后交还现场负责人，现场负责人将正本和第一副本存档。

许可证一般保存一年，有受限空间作业的保存两年，以往有事故记录的设备和工作现场，其许可证保存五年。施工单位现场只保留最近天的许可证。

四、任务实施

任务的实施可按照任务布置、准备、执行、评价、验收五个阶段进行，具体操作方法参照情景一中的任务实施部分，操作内容应结合本次任务进行。

【再次训练】完成上述任务，请你办理和填写"进入受限空间作业许可证"。（见"七、拓展训练1"）

五、任务评价

任务完成情况的考核评分与情景一中的任务评价部分相同，以此为标准进行评价。

六、归纳总结

为了规范各种许可证的管理，使各类作业标准化、规范化，避免安全事故的发生，化工企业对各类非常规作业和特种作业，在作业施工前要求按规定办理许可证。在办理过程中，要求按相应作业级别的审批程序进行审批，并完整填写、核实作业许可证各项内容，确认符合作业具体管理要求，否则不得进行作业。

七、拓展训练

1）分组练习填写"进入受限空间作业许可证"（见表6-4，要求按照要求进行角色扮演）。

表6-4 进入受限空间作业许可证

编号		施工地点	
所属单位		受限空间名称	
受限空间主要介质		主要危险因素	
检修作业内容		所属单位负责人	
作业单位		作业负责人	
作业人		作业监护人	

作业时间	年 月 日 时 分 至 年 月 日 时 分					

采样分析	分析项目	有毒有害介质含量	可燃气含量	氧含量	取样时间	取样部位	分析人
	分析标准						
	分析数据						

序号	主要安全措施	确认人签字
1	作业前对进入受限空间危险性进行分析	
2	所有与受限空间有联系的阀门、管线加盲板隔离、列出盲板清单,并落实拆装盲板责任人	
3	设备经过置换、吹扫、蒸煮	
4	设备打开通风孔进行自然通风,温度适宜人作业;必要是采用强制通风或佩戴空气呼吸器,但设备内缺氧时,严禁用通氧气的方法补氧	
5	相关设备进行处理,带搅拌机的应切断电源,挂"禁止合闸"标志牌,设专人监护	
6	检查受限空间内部,具备作业条件,清罐时应用防爆工具	
7	检查受限空间进出口通道,不得有阻碍人员进出的障碍物	
8	盛装过可燃有毒液体、气体的受限空间,应分析可燃、有毒有害气体含量	
9	作业人员清楚受限空间内存在的其他危险有害因素,如内部附件、集渣坑等	
10	作业监护措施:消防器材( )、救生绳( )、气防装备( )	
11	其他补充措施	
12		

危害识别:

施工作业负责人意见	基层单位现场负责人意见	基层单位领导审批意见	单位领导审批意见
年 月 日	年 月 日	年 月 日	年 月 日

完工验收:

签名: 年 月 日 时 分

2）请根据下列材料以本班安全员的身份，制定本班安全管理制度。

化工企业班组安全管理制度

为了切实提高班组安全管理水平，不断增强组员安全素质和自我保护能力，有力减少和控制各类事故的发生，树立"安全生产在班组、人人都是安全员"和"安全，我们共同的责任"的安全理念，努力争创安全(零伤害)合格班组，特制订本制度。

一、安全班组学习培训制度

1. 班组每周要组织一次安全活动，内容包括：岗位生产任务及特点、主要设备结构原理与性能、操作注意事项、岗位责任制、安全技术规程、班组安全管理规定、事故案例及预防措施、安全装置和工具、防护用品、防护器具和消防器材的使用方法等。

2. 班组学习及活动方法可用黑板报、会议、知识竞赛、考试等形式进行，并将考核结果与每月奖金挂钩，规范登记。

3. 班组长负责对新进公司、转岗员工的三级教育考试，成绩合格后才能上岗作业。

4. 特殊工种(压力容器操作、电瓶叉车、电工)须持证上岗，并定期参加复审。

5. 班组成员应熟练掌握本岗位物料的危险特性、工艺及设备安全信息。

二、班组隐患排查治理制度

1. 班组级(C级)监控点班组长为第一负责人，班组安全员具体负责，做到班前、班中、班后安全检查，对查出的各类事故隐患进行科学合理整治。

2. 检查过程应对本岗位人的不安全行为、物的不安全状态及不良的环境因素记录建档和评估，对已整改或不能治理的安全隐患问题均应及时反馈给生产部。

3. 班组长每天组织开好班前会，并做好会议记录。

4. 认真组织"零伤害"活动，积极开展"安全日"活动。

三、班组危险危害告知制度

1. 班组安全员应每天对本监控点进行检查，评估事故隐患和职业危害因素，并将评估结果传达到每个成员。

2. 班组安全员应将本监控点所使用的可能发生安全生产事故和职业危害的化学品告知班组成员，并将相关信息编制信息卡，张贴上墙。

3. 班组长应将生产过程中可能产生的危险危害因素及其后果、防护措施、应急措施等如实告知各成员。

4. 班组安全员应将本监控点主要职业危害(噪声、粉尘、毒物)监测数据张贴上墙，并登记建档。

四、班组安全考核制度

1. 奖惩程序

班组长按月对班组成员进行安全考核，并按时奖惩兑现，安全员负责记录建档。

2. 奖励

对认真执行安全生产管理制度、操作规程，防止事故发生安全事故和职业病危害作出贡献的个人，有下列情况之一的，给予适当奖励：

(1) 对事故隐患和职业危害监控有所发明创造、合理化建议被采用有明显的效果者。

(2)制止违章指挥、制止违章作业、避免事故发生者。(3)及时发现或消除重大事故隐患，避免重大事故发生者。(4)对抢险救灾有功者。(5)积极参加安全生产活动，被评为个人。(6)对事故隐患和职业危害监控方面做出特殊贡献者。

3. 惩罚

有下列情形之一者应予惩罚：

(1)事故责任者。(2)违章指挥或作业、违反劳动纪律，情节严重、性质恶劣或导致事故发生者。(3)破坏或伪造事故现场隐瞒或谎报事故者。(4)事故发生后，不采取措施，导致事故扩大或重复事故发生者。(5)其他各种违反安全生产规章制度、规程造成严重后果者。(6)对提出的整改意见有条件整改而拖延整改的责任人。(7)擅自拆除、挪用安全设施者。(8)不参加安全活动者。

4. 奖惩类型

(1)经济奖罚，按公司《绩效工资考核办法》实施。

(2)行政处罚，根据危害程度和损失情况、责任大小，由公司决定。

5. 班组安全设施管理制度

(1)确保班组配置在生产装置上的所有安全设施必须完好、保证灵敏可靠。

(2)班组长负责将各种安全设施的检查和维保落实到专人负责管理，并做好维护保养台账。

(3)班组安全员应将各种安全设施建立档案，定期检修，安全阀、压力表、温度计要注明校验周期和时间。

(4)安全设施不准随意拆除、挪用或置之不用，因检修拆除的，要挂牌警示，检修后必须立即复原。

6. 交接班制度

严格按交接班程序、内容进行交接班。

八、课后训练

1. 简述动火安全作业证办理及审批程序。
2. 动火作业相关人员的职责分别是什么？
3. 动火作业前应注意哪些安全事项？请制定相应的安全措施。

任务三　化工企业装置开停工和大检修环保管理

化学工业的迅速发展取得成就的同时也带来了环境问题。现代社会人的环保意识在不断增强，对自然环境的要求也在不断提高，环境的好坏直接影响着民众的生活，也影响着当地的经济发展。如果没有了良好的自然环境，经济的发展也就无法持续。企业的发展离不开民众的支持，而民众没有了安全的生活环境也就无法进行正常的生活，怎么可能对没有社会责任感的企业进行支持呢？因此，不舍得为社会责任埋单的企业，也就无法实现其长远的发展。

管理学大师德鲁克曾说过："凡是能促进社会进步与繁荣的也都能增强企业实力，带给企业繁荣与利润"。因此，为了企业的长远发展，企业应勇于承担社会责任，将环保等问题切实落到实处。

环境管理的核心是风险控制，通过风险控制避免环境污染。化工企业开工、停工和大检修是装置大检修期间三个重要阶段，其中大检修阶段环保管理是大检修期间环境风险控制的重中之重。在装置大检修期间，蒸塔洗塔、管线吹扫过程中排放大量高污染物浓度废水、废气。在放空吹扫时将产生噪声污染，清塔清罐作业还将产生大量底泥、焦渣、废催化剂等危险废物，所以必须加强环保管理，控制"三废"排放，合理处置"三废"。所以班组长和车间主任要熟知公司"大检修阶段环保管理办法"，并结合实际制定具体的管理办法，以确保大检修阶段环保工作的执行符合 HSE 规范。

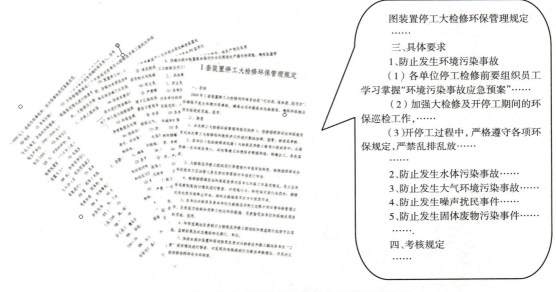

图装置停工大检修环保管理规定
……
三、具体要求
1、防止发生环境污染事故
（1）各单位停工检修前要组织员工学习掌握"环境污染事故应急预案"……
（2）加强大检修及开停工期间的环保巡检工作，……
（3）开停工过程中，严格遵守各项环保规定，严禁乱排乱放……
……
2、防止发生水体污染事故……
3、防止发生大气环境污染事故……
4、防止发生噪声扰民事件……
5、防止发生固体废物污染事件……
…….
四、考核规定
……

图 6-7　某石化公司装置停工大检修环保管理规定

一、任务介绍

主要任务：

请参照上述案例内容和教材相关链接知识，编制所在车间班组的"开停工大检修环保管理规定"。

知识目标：

1. 了解大检修期间的主要污染物；
2. 掌握大检修期间的主要污染防护措施；
3. 熟知大检修期间的环保管理规定。

能力目标：

1. 辨识大检修作业之前的危害目标；
2. 编制班组大检修环保相关管理规定。

素质目标：

完成任务的态度、完成任务的质量、知识应用能力、书面表达能力、语言表达能力、与人合作能力。

二、任务分析

完成上述任务之前，必须了解主要污染物，对大检修作业前的危害因素进行辨识，掌握大检修期间的主要污染防护措施，熟知大检修期间的环保管理规定。

三、相关知识

1. 主要污染物

化工生产过程中的一些废弃物排入环境中，造成水体、大气和土壤的污染，这些污染物在水环境、大气环境和土壤环境之间不断地互相迁移、循环破坏了生态环境和自然资源，影响工农业生产和人民健康，给人类的生活环境带来严重的危害。"工业三废"是化工企业的主要环境污染物，停工、检修以及开工的过程中将产生多种污染环境的废弃物（废气、废液、废渣），如果排放的废弃物失去控制，将对环境造成污染。

1）废气主要污染物的种类

颗粒污染物：①烟尘；②粉尘；③雾尘；④尘粒；⑤煤尘。

气态污染物：

① 硫氧化物（主要是 SO_2）；② 氮氧化物（主要指 NO 和 NO_2）；③ 碳氧化物（主要指 CO 和 CO_2）；④ 碳氢化合物（形成光化学烟雾的主要物质）；⑤ 卤素化合物（主要是 Cl_2、HCl）。

某化工厂废气污染示意图如图 6-8 所示。

图 6-8　废气污染

2）废液主要污染物的种类

指那些被污染的水体或其他废溶液，其中溶有盐类、碱类、酸和有机物，也包括分散的油液和含有悬浮的颗粒状杂志。如生产中出的废水或用过的有机溶剂和有机液体。

含无机物的废水：无机盐、氮肥、磷肥、硫酸、硝酸、纯碱等工业生产时排放的酸、碱、无机盐及一些重金属和氰化物等。

含有机物的废水：主要来自于基本有机原料、三大合成材料、农药、染料等工业生产排放的碳水化合物、脂肪、蛋白质、有机氯、酚类、多环芳烃等。

含石油类的废水：主要来自于石油化工生产的重要原料，各种动力设施运转过程消耗的石油类废弃物等。

排放的废液导致河道内寸草不生，如图 6-9 所示。

图 6-9　排放的废液导致河道内寸草不生

3）废渣主要污染物的种类：

人类在生产过程中产生的不再需要或没有"利用价值"而被遗弃的固体或半固体废物（粉末状、灰块、块状或凝固状）。如残渣、烟灰、废橡胶，选矿后留下的含金属的矿渣（粉煤矿、硫铁矿、电石渣）等。

2. 大检修作业前的危害因素辨识

（以某石油化工企业丙烯腈装置检修期间的污染防护措施为例）

根据丙烯腈车间检修统筹和计划，停工期间装、卸催化剂时会产生大量粉尘污染环境损害员工健康。且清理急冷塔和 V-306 时，也产生大量的固体废弃物；大循环水洗、碱洗时，产生大量废水。检修设备时还将产生废垫片、废管线、废铁皮、保温棉、废润滑油等废弃物；设备清洗、试压过程中，装置还会生成部分废液。开停工水洗过程中将会置换出部分废液和废气；设备理化检验过程中，将会产生辐射污染。针对这些环境问题，车间对检修进行了环境评价，并对评价出的环境因素制定控制措施。如表 6-5 所示。

表 6-5　丙烯腈车间检修环境因素调查及处理方案

序号	岗位	活动、产品和服务	环境因素	控制措施
1	合成	清理反应器内残存催化剂	废催化剂	装桶，送至库房
2	合成	撤热水系统停运，排净	撤热水	排至 11#线
3	合成	E-102 清洗	废水	接白龙排至急冷塔南侧死井中化验合格后，用气动泵排入 11#线

序号	岗位	活动、产品和服务	环境因素	控制措施
4	合成	T-101 塔碱洗	废水	上段废水送硫铵装置废水罐，下段废水送焚烧炉焚烧
5	合成	E-140 清洗	废水	槽子收集，化验合格排至 11#线，不合格送焚烧炉焚烧
6	合成精制	拆装设备保温	保温、铁皮	铁皮尽可能循环使用；废弃保温铁皮送至 001 泵房南侧工业垃圾场收集
7	合成精制	更换垫片	废垫片	送至工业垃圾箱
8	合成精制	大循环碱洗	废水	化验分析合格排至 11#，不合格送焚烧炉焚烧
9	精制	E-116、E-119 清洗	废水	槽子收集，化验分析合格排至 11#，不合格送焚烧炉焚烧
10	合成	T-101 塔聚合物清理	废渣	装袋送至 V-304 南侧，联系水气厂焚烧处理
11	合成	丙烯、氨蒸发器清洗	废液	用运水槽车拉走焚烧处理
12	精制	T-106、T-107 蒸塔	蒸汽凝液	排放至 PS 线、送入 V-131
13	空冷岗	压缩机冰机油路系统放净	废油	装桶送至库房，联系厂家回收
14	合成精制	理化检验	射线辐射	现场清员，区域隔离，戴专用防护用具
15	精制	塔盘碱洗	废碱水	加酸中和处理合格后，排放 11#线
16	精制	V-306 催化剂沉降槽清理	废渣	排入 V-306 围堰，装袋送水气厂焚烧处理

主要污染物排污去向如表 6-6 所示。

表 6-6　主要污染物排污去向

序号	排放位置	污染物名称	数量/吨	处理方式	排放去向
1	R-101	废催化剂	5.0	回收、装桶	送库房
2	V-104	撤热水	100	流程排放	11#线
3	E-102	含氰废水	10.0	接入中和池	11#线
4	T-101	碱洗水	20.0	流程排放	V-304 硫铵装置
5	E-140	含氰废水	5.0	流程排放	V-304
6	大循环碱洗	废碱水	30.0	流程排放	合格进 11#线，不合格进 V-304
7	E-116A/S	含氰废水	3.0	接入清洗槽中	V-304
8	E-119A/S	含氰废水	3.0	接入清洗槽中	V-131
9	T-101	废渣	3.0	装袋、焚烧	焚烧
10	E-104	丙烯	1.0	流程排放	火炬
11	E-105	氨水	3.0	装车拉走	出厂
12	T-106	含氰废水	3.0	排入 PS 线	V-131
13	T-107	含氰废水	4.0	排入 PS 线	V-131
14	塔盘碱洗	废碱水	7.0	中和、接桶	V-304
15	C-101	废油	0.05	导淋、接桶	厂家回收
16	V-306	聚合物	80.0	装袋、焚烧	水气厂焚烧

3. 大检修期间的主要污染防护措施

防治检修期间的三废一噪、危险废物，实行预防为主、防治结合、严格管理、充分合理利用和有害废物无害化处置的原则，促进清洁生产和循环经济发展。

（以某石油化工企业丙烯腈装置检修期间的污染防护措施为例）

1）废水部分

（1）装置停工时，精制系统各塔、罐不合格物料尽量通过倒空线送入 V-301 罐，待装置开工后进入系统回炼，减少物料损失。

（2）装置停工处理进行系统水洗时，第一、二遍水冲洗物料送到 V-304 罐，通过 F-301 进行焚烧。装置水洗结束后，清洗水经分析合格办理废水排放作业票后，方可排入 11# 线，否则，送入 V-304 罐。

（3）装置停工大循环碱洗时，所有物料尽量倒空进入 V-304 罐到 F-301 进行焚烧。

（4）装置检修过程中，部分设备进行高压清洗时，清洗水化验分析合格并办理废水排放作业票后排入 11# 线。

（5）在装置停工处理及检修期间，严禁向 10# 线排放任何物料。6、在装置停开工期间，设备更换的润滑油脂都需进行回收处理。漏洒在地面的润滑油脂及物料，不能用水冲入 10# 线、11# 线中。

（6）停工时将残余丙烯送丁辛醇火炬焚烧；残余氨用水吸收，吸收氨水由分厂协调送到厂外处理。、在装置开工时，所有设备必须气密合格后，才能投用，以减少设备泄漏造成的环境污染。

2）废气部分

（1）在装置停开工期间，要控制吸收塔吸收水温度不能超高，确保塔吸收效果，保证吸收塔顶尾气排放合格。

（2）在装置停开工期间，F-301 焚烧废水量较大，要严格控制 F-301 炉温在工艺卡片范围内，保证废水完全燃烧，避免产生有害烟气。

（3）严格控制装置内各容器、罐温度压力，不能超温、超压，防止冒罐发生。打开成品罐喷淋，尽量减少各罐经呼吸阀排放气体。

（4）在装置停工时，要保证系统置换处理，并经化验测氧、测氰合格后，才能打开设备人孔。

3）废渣部分

（1）在停工期间，V-304、V-306 罐中物料要吃空。在清理罐时，清理出的聚合物要用专用固体废物焚烧袋装好，报分厂统一处理。

（2）检修期间清洗设备时，换热器封头内清理出的聚合物要用专用固体废物焚烧袋装好后进行回收集中处理。如图 6-10 所示。

（3）检修期间反应器气体器（E-102）、急冷塔（T-101）、急冷塔后冷器（E-140）、急冷塔顶除沫器（V-127）清理出的聚合物用专用固体废物焚烧袋装好，报分厂统一处理。

图 6-10　废渣进行集中处理

（4）检修期间清扫各塔时，清理出的物体用专用固体废物焚烧袋装好后进行回收集中处理。

（5）检修期间，催化剂储槽内催化剂装桶时，散落在地面的催化剂要用桶装好，放置在指定位置。反应器内、反应器锥底残存的催化剂装袋后放入废催化剂桶中，放置在指定位置。

4. 大检修期间的环保管理规定

（1）检修过程中产生的废液要收集入桶，收集的物料要回收，收集的污水，要报安环处批准后，排工业污水线，不准乱排乱放，造成污染。

（2）在检修施工过程中，如有污油、油漆等污染物泄漏于地面，检修施工单位不得用水冲洗，要及时采取措施回收，然后用砂或破布抹净，用后的砂或破布集中送往废渣场处理。

（3）检修施工单位在进行化学清洗过程中，要杜绝化学清洗液和污水泄漏造成的污染。化学清洗污水必须经分析化验符合要求后，在车间指导下排入工业污水管线。

（4）设备检修期间，检修施工单位每天应清理检修现场，达到文明施工的要求。

（5）生产装置检修期间，净化水车间要加强操作管理和现场巡检，及时将异常情况报告调度和安环处，避免冲击生化系统事故发生，超标污水禁止向外排放。

（6）环境监测站要加强对污染严重的排放口和总排放口进行监测，监测结果及时上报安环处。

（7）在检修后期，各车间要安排及时清理检修过程中落入下水井（地沟）等排水设施中的杂物。

四、任务实施

任务的实施可按照任务布置、准备、执行、评价、验收五个阶段进行，具体操作方法参照情景一中的任务实施部分，操作内容应结合本次任务进行。

【再次训练】

完成上述任务后，请你编制班组"开工阶段环保管理规定"。（见"七、拓展训练"）

五、任务评价

任务完成情况的考核评分与情景一中的任务评价部分相同，以此为标准进行评价。

六、归纳总结

化工企业装置大检修期间主要污染物有废气、废水和废渣，对上述污染物要采取相应的措施进行控制。在停工、检修以及开工的过程中将产生"废水、废气、废渣"等污染环境的废弃物，如果排放的废弃物失去控制，将对环境造成污染。为了减少污染物排放，避免发生环境污染事故，保证良好的检修环境，必须编制"装置开停工和大检修环保管理规定"，以保证停工、检修、开工全过程"三废"无污染处理，实现绿色检修的环保目标。该规定应包括停工阶段环保管理规定、大检修阶段环保管理规定和开工阶段环保管理规定，本任务仅就编制"大检修阶段环保管理办法"进行训练。

七、拓展训练

请根据下列材料编制班组的"开工阶段环保管理规定"文件。

材料：某石化公司装置开停工和检修阶段环保管理规定。

1. 制定的开停工、装置检修方案中必须有领导小组，有明确具体的环保措施，并责任到人。

2. 在装置开停工和检修前，须对相关人员进行有针对性的 HSE 教育，重点学习装置停工、检修、开工方案，明确各环节的 HSE 要求和采取的措施，做好工具、材料、人员、文件等各项准备工作。

3. 在装置开停工和检修前，须向安全环保处上报排污审批表，明确污染物(废渣、废液、废气)排放的时间、数量、浓度和去向。

4. 在开停工和检修过程中，须严格执行有关环保管理规定，严格控制排污量，严禁乱排乱放，防止发生跑、冒事故。

5. 需进行化学清洗的，清洗前应制定详细的清洗方案，报安全环保处审核。需排放化学清洗等高浓度废水的，须报安全环保处审批。

6. 各种有毒有害气体(氮气、液化气等)不得直接排入大气。

7. 进行吹扫放空时，要采取削减噪声污染的措施。

8. 化验中心应对开停工和检修期间的环境进行及时监测(大气、水质监测)，发现问题及时汇报并处理。

八、课后训练

1. 化工企业主要环境污染物有哪些？
2. 装置检修期间如何做好环保工作？

情境七　化工企业生产成本管理

任务一　化工企业车间和班组生产成本归集

正确的成本归集是保证成本计算质量的关键。成本归集是对生产过程中所发生的各种费用按一定的对象如：各种产品、作业、各个车间班组所进行的分类、汇总。

一、任务介绍

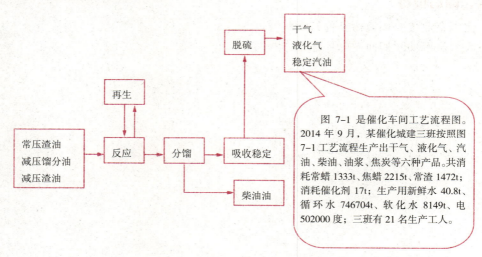

图 7-1 是催化车间工艺流程图。2014 年 9 月，某催化城建三班按照图 7-1 工艺流程生产出干气、液化气、汽油、柴油、油浆、焦炭等六种产品。共消耗常蜡 1333t、焦蜡 2215t、常渣 1472t；消耗催化剂 17t；生产用新鲜水 40.8t、循环水 746704t、软化水 8149t、电 502000 度；三班有 21 名生产工人。

图 7-1　催化车间工艺流程图

主要任务：

请你对三班生产的产品生成成本进行分类和归集（分离前）（见表 7-1）

知识目标：

1. 了解生产成本法；
2. 理解生产成本的内容；
3. 掌握企业成本的构成；
4. 掌握化工企业车间和班组生产成本的构成。

能力目标：

能对化工企业班组一般生产成本费用进行芬楼和归集。

素质目标：

完成任务的态度、完成任务的质量、知识应用能力、书面表达能力、语言表达能力、与人合作能力。

表 7-1　2011 年 9 月某催化车间三班生产成本归集

类　　别	成本项目	包含内容
生产成本		

二、任务分析

不同企业有不同生产过程，对成本管理要求也不一样。根据化工企业的特点和成本管理的要求及产品成本分类和归集的特点，对班组的成本进行分类和归集，必须在了解化工企业车间成本的基础上，掌握班组成本的构成项目和具体内容。

三、相关知识

1. 生产成本法

生产成本是目前世界各国普遍采用的一种成本计算方法，用生产成本法计算成本时，只将生产经营过程中发生的直接材料费用、直接人工费用和制造费用计入产品成本，而管理费用、财务费用和销售费用不计入产品成本，二是作为当期费用直接计入当期损益。

2. 企业成本的构成

（1）成本和费用

成本是指企业为生产产品、提供劳务二发生的各种耗费。

费用是指企业为销售商品、提供劳务等日常活动所发生的经济利益流出。

费用和成本是两个并行使用的概念，两者之间既有联系又有区别。成本是按照一定对象所归集的费用，是对象化了的费用。费用是资产的耗费，它与一定的会计期间相联系，而与生产哪一种产品无关；成本与一定种类和数量的产品或商品相联系，而不论发生在哪一个会计期间。企业成本构成如图 7-2 所示。

图 7-2　企业成本构成

（2）生产成本

指为生产一定种类和数量的产品所耗用的费用。它是企业生产制造过程中所发生的成本，所以也称为制造成本或者产品成本。生产成本的构成详见表7-2。

表7-2　生产成本构成

类别	项目	包含内容
生产成本	直接材料	含原材料、辅助材料、燃料、动力、外购半成品、包装物等
	直接人工费	指直接从事产品生产人员的工资、福利、津贴、补贴、社保等
	制造费用	指各生产车间为组织和管理生产所发生的各项费用，含生产管理人员的工资、福利费、社保，生产车间及生产管理部门的固定资产折旧费、修理费、办公费、内部运输费、保险费、试验检验费、劳动保护费、季节性修理期间的停工损失以及其他制造费用

（3）期间费用

也称为期间成本，是指不能直接归属于某个特定产品成本的费用。它包括直接从企业的当期产品销售收入中扣除的销售费用、管理费用和财务费用。期间费用的构成详见表7-3。

表7-3　期间费用构成

类别	项目	内　　容
期间费用	管理费用	指企业管理人员工资、福利费、差旅费、办公费、教育培训费、社保费、工会经费、职工教育经费、业务招待费、董事会费、咨询费、诉讼费、审计费、排污费、绿化费、税金、场地使用费(海域使用费)、土地损失补偿费、技术转让费、技术开发费、无形资产摊销、开办费摊销、坏账损失、存货盘亏、毁损和报废(减盘盈)以及其他管理费用等
	财务费用	指企业为筹集生产经营所需资金而发生的费用，含利息支出、汇兑损失、现金折扣、金融机构手续费等
	销售费用	指企业在销售产品、自制半成品和提供劳务等过程中发生的各项费用以及专设销售机构的各项经费。包括运输费、包装费、保险费、装卸费、广告费、销售机构费用、售后服务费等

3. 化工企业车间和班组生产成本的构成

（1）联产品的含义

联产品是指企业利用相同的原材料，通过同一生产过程生产出来的几种经济价值较大的主要产品。例如，炼油厂以原油为原料，经过同一加工工艺过程生产出来的额汽油、煤油和柴油等就属于联产品。

化工企业生产的特点是连续式加工，不间断，原材料就要经过若干连续加工步骤，才能制成产成品，其他步骤生产的都是程度不同的半成品，这些半成品，除少数可以出售外，都是下一步加工的对象，这些成品称为联产品。

（2）联产品成本分类和归集的特点

各种联产品非礼的时候被称为"分离点"。分离后的联产品分为完工产品和半成品，完工产品可以直接出售，半成品需进一步加工为完工产品才可以出售。因此，将分离点前在联合生产过程中发生的生产成本称为联合成本，也是全部联产品的综合成本。所以原料和费用支出等联合成本在联产品过程中不能直接按照产品分别进行归集，要以各种联产品为一个成本计算对象进行分类和归集(如图7-3所示)。

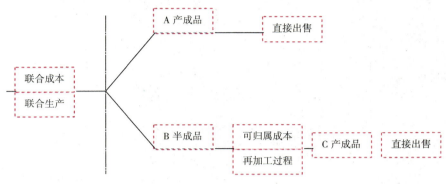

图7-3　联产品成本计算示意图

(3) 从化工企业生产实际看车间、班组生产成本的构成

【案例】　2011年9月份，某化工企业催化车间(装置)成本计算表(分离前)(见表7-4)。车间有105名工人(实行5班3倒，一班20人、二班20人、三班21人、四班22人、五班22人)、27名生产管理人员。

① 催化车间成本的构成　由表7-4可以看出2011年9月份催化车间全部联产品生产成本的构成(分离前)(见表7-5)。

表7-4　催化车间成本计算表(分离前)

填报单位：　　　　　　　　　　　　　2011年9月　　　　　　　　　　　　单位：元

成本项目	计算单位	单耗		本月实际			本年累计		
		本月	本年	数量	单价	金额	数量	单价	金额
一、原料及主要材料				85918		196025011	789910		1808776025.07
常蜡				66657	2330	155310810.00	581779	2330	1355545070
焦蜡				11075	2330	25804750.00	99831	2330	232606230
常渣				7358	2002	14730716.00	106825	2002	213863650
外蜡				71	2517	178735.01	2605	2505.98	6528075.07
油品				0	2330	0	0	2330	0
罐存				757			−1230		0
二、辅助材料						3460359.35			0
催化剂	吨	千克/吨	0.99	0.92	85.00	18000.00	2106221.31	728.20	18000	13107600
钝化剂 助燃剂	吨	千克/吨	0.271	0.197	23.25		1354138.04	156.00		
主材差异						0.00	0.00		
包装物		0.00	0.00			0.00	0.00		
三钠	吨			0	2000	0	0	2000	
三、燃料									

成本项目	计算单位	单耗		本月实际			本年累计		
		本月	本年	数量	单价	金额	数量	单价	金额
四、动力						318421.63			
新鲜水	吨	吨/吨	0.00	0.01	204	2.50	718.08	6940.00	2.5	17350
循环水	吨	吨/吨	43.45	46.62	3733.520	0.24	1045385.60	36822086.00	0.24	8837300.64
软化水	吨	吨/吨	0.47	0.46	40747	8.50	31782660	359833.00	8.5	3058580.5
电	度	度/吨	29.21	29.74	2510000	0.55	1380500.00	23490000	0.55	12919500
蒸汽	吨	吨/吨	-0.18	-0.16	-15427	170.00	-2622590.00	-128769.00	170	-21890730
风	米³	米³/吨	15.04	31.26	1292365	0.10	180931.10	24692924.00	0.1	2469292.4
氮气			0.24	0.91	20.867	0.70	15650.25	720694.00	0.7	504485.8
五、直接员工费用	元						821864.28			
六、	元						0.00			
七、制造费用	元						2115404.43			
其中：折旧及摊销	元						6125.07			
修理费	元						0.00			
人员费用	元						239615.07			
八、加工费小计	元						6716049.69			
九、期初半成品	元						23463362.00			
十、单位变动加工费	元/吨						25.24			
十一、单位加工费	元						78.17			
十二、车间制造总成本	元						226204422.70			

表 7-5 2011 年 9 月催化车间生产成本构成（分离前）

类别	成本项目	包含内容
生产成本	直接材料	原料及主要材料：常蜡、焦蜡、常渣、外蜡、罐存
		辅助材料：催化剂、钝化剂、助燃剂
		燃料和动力：新鲜水、循环水、电、蒸汽、风、氮气
	直接人工	105 名生产人员的工资、福利、津贴、补贴、社保等
	制造费用	27 名生产管理人员的工资、福利费、折旧及摊销、修理费等

　　② 催化车间班组生产成本的构成　由于化工企业生产的特点是连续式加工，不间断地生产，所以班组实行倒班生产，一般实行五班三倒或五班四倒。因此对于化工企业班组的生产成本构成来说，只要将全月车间生产成本（不包括制造费用）按班分配即可或按每月每班实际发生的生产成本归集。

四、任务实施

　　任务实施可按照任务布置、准备、执行、评价、验收五个阶段进行，具体操作方法参照情景一中的任务实施部分，操作内容应结合本次任务进行。

　　【再次训练】完成上述任务之后，你能完成增项训练任务吗？（见"七、拓展训练 1"）

五、任务评价

任务完成情况的考核评分与情景一中的任务评价部分相同，以此为标准进行评价。

六、归纳总结

生产成本法只将生产经营过程中发生的直接材料费用、直接人工费用和制造费用计入产品成本。正确划分成本和费用对车间、班组生产成本归集及企业成本核算具有重要意义。

化工企业车间、班组在联合生产过程中生产的产成品为联产品，将"分离点"前发生的生产成本称为联合成本。联合成本在联产品过程中不能直接按照产品分别进行归集，要以各种联产品为一个成本计算对象进行分类和归集。要注意区分化工企业车间和班组的联合成本项目构成的区别，班组的联合成本包括直接材料和直接人工，但不包括制造费用。

七、拓展训练

1. 增项训练：增加外蜡 14 吨、钝化剂 7 吨、助燃剂 5 吨、包装物 2000 元、燃料油 10 吨、燃料气 110 吨，请你与前面联系的项目一期对三班生产的联产品（分离前）生产成本重新进行分类和归集。

2. 请你根据下面的案例，对某化工企业催化车间生产的联产品生产成本进行分类和归集（分离前）。

【案例】　某化工企业催化车间 2011 年 10 月用同一生产工艺生产出干气、液化气、汽油、柴油、油浆、焦炭六种联产品。分离前消耗常蜡 66000 吨、焦蜡 11000 吨、常渣 7300 吨、外蜡 71 吨；消耗催化剂 85.00 吨、钝化剂和助燃剂 23.25 吨；生产用新鲜水 200 吨、循环水 3700500 吨、软化水 40000 吨、电 2500000 度、蒸汽 15000 吨、风 1292000 米³；本期折旧及摊销 6281.68 元；车间有 105 名生产工人，27 名生产管理人员。

八、课后训练

任务二　化工企业车间和班组生产成本核算与分析

化工企业成本核算是成本管理工作的重要组成部分，它是将企业在生产经营过程中发生的各种耗费按照一定的对象进行分配和归集后计算总成本和各种联产品的个别成本。班组成本核算工作从源头上提高了效益，降低了消耗，从生产经营全过程对成本进行了有效控制，对最大限度地挖掘企业的降本增效潜力起到了很大作用。成本分析主要是利用成本核算及其他有关资料，全面分析成本水平与构成的变动情况，系统地研究成本变动的因素和原因，挖掘降低成本的潜力，为编制成本计划和制定经营决策提供重要依据。

一、任务介绍

表 7-6 是催化车间 3 班 2011 年 10 月份各种费用资料。共消耗常蜡 13331 吨，单价

2330 元/吨；焦蜡 2215 吨，单价 2330 元/吨、常渣 1472 吨，单价 2002 元/吨；消耗燃料油 10 吨，单价 900 元/吨；燃料气 110 吨，单价 350 元/吨；21 名生产工人的工资 164373 元。

3 班 10 月份消耗计划：原材料 39553200 元、燃料 45000 元、工人工资 164373 元。

表 7-6 催化车间 3 班 2011 年 10 月成本计算（分离前）

填报单位：催化车间 3 班　　　　　2011 年 10 月　　　　　　　　单位：元

成本项目	计算单位	本月计划消耗					
		数量	单价	金额	数量	单价	金额
一、原料及主要材料		17018		39169124			39553200
常蜡		13331	2330	31061230	14000	2330	32200000
焦蜡		2215	2330	5160950	2200	2330	5126000
常渣		1472	2002	2946944	1113	2002	2227200
二、辅助材料				126000			128000
催化剂	吨	7	1800000	126000	7.11	1800000	128000
三、燃料				47500			45000
燃料油		10	900	9000	9	900	8100
燃料气		110	350	38500	105	350	36900
四、动力				52467746			520000
新鲜水	吨	40.8	2.5	102	40	2.5	100
循环水	吨	746704	0.24	17920896	745000	0.24	178800
软化水	吨	8149	8.5	69266.50	8000	8.5	68000
电	度	502000	0.55	276100	496545	0.55	273100
五、直接员工费用	元			164373			164373
六、班组总成本	元			40031674.46			40410573

主要任务：

请你根据上面的案例材料计算各生产成本项目的实际值，并运用比较分析法进行成本分析（完成表 7-7 内容）。

知识目标：

1. 掌握化工企业车间和班组生产成本核算的内容、特点和程序；
2. 熟悉车间和班组成本分析的主要内容；
3. 掌握车间和班组生产成本分析的主要方法——比较分析法。

能力目标：

能对化工企业班组生产成本进行核算和比较分析。

素质目标：

完成任务的态度、完成任务的质量、知识应用能力、书画表达能力、语言表达能力、与人合作能力。

表 7-7　催化车间 3 班 2011 年 10 月联产品生产成本实际指标与计划指标比较

单位：元

项目	实际值	计划值	差异额	差异率
原材料				
燃料				
直接工资				

二、任务分析

化工企业班组生产成本核算是分析的前提，要完成好上述任务就要掌握化工企业车间和班组生产成本核算的内容、特点和程序，特别是联产品成本核算的特点，掌握生产成本分析的主要方法——比较分析法，以生产成本的实际指标与生产成本计划指标进行对比分析，能够解释实际脱离计划的差异程度，为进一步分析提供方向。

三、相关知识

1. 化工企业车间和班组生产成本核算的内容、特点和程序

（1）车间和班组成本核算的内容

由任务一讲到的化工企业车间和班组生产成本的构成可知，化工企业车间和班组成本核算的对象就是分离后的联产品。但是车间和班组的核算内容不同。

车间核算的内容：车间生产联产品的全部物资消耗、直接人工消耗和间接制造费用。

班组成本核算的内容：班组生产联产品的全部物资消耗和直接人工消耗。

总之，要本着"干什么，算什么"的原则来确定成本核算的内容，达到简明反映车间、班组生产消耗、有针对性进行成本控制的目的。做法就是先确定核算的对象，然后确定核算的内容。

（2）联产品成本核算的特点

各种联产品分析前要将各种联产品为一个成本计算对象，汇集生产费用，核算各种联产品的总成本。在分离后，要按照一个比例（系数分配法等）进行分摊，计算各种联产品的个别成本。由此可见，联产品成本的计算，在联产过程中不能像单一产品那样，单独归集，单独计算。对联产品成本的分析，也只能按其全部产品的联合成本进行综合的分析。

将分离后对联产品继续加工而发生的成本称为可归属成本。可归属成本直接计入接受加工的联产品成本中（如图 7-3 所示）。最后，按分离后加工制造某产品的加工成本，加上联产品分离前成本按一定比例分配给该产品的成本，构成这种产品整个生产过程的生产成本。

表 7-8　催化车间成本计算（分离后）

填报单位：　　　　　　　　　　2011 年 9 月　　　　　　　　　　单位：元

产品名称	产量		技术系数	积数		单位成本			总成本		
	本期	累计		本期	累计	上年实际平均	本期实际	累计实际	上年实际平均	本期实际	累计实际
干气	3305	25789	0.20	661	5158		605.44	598.44		2000993.87	15433177.62
液化气	15090	134374	0.60	9054	80624		1816.33	1794.67		27408469.79	241157632.94

续表

产品名称	产量		技术系数	积数		单位成本			总成本		
	本期	累计		本期	累计	上年实际平均	本期实际	累计实际	上年实际平均	本期实际	累计实际
汽油	35932	335779	1.00	35932	335779		3027.22	2990.84		108774148.05	1004262507.49
柴油	23527	215542	0.90	21174	193988		2724.50	2691.76		64099311.00	580186434.83
油浆	2232	28608	0.30	670	8582		908.17	896.28		2027027.98	25640716.65
焦炭	5499	46890									
损失	333	2928									
合计				67491	624131					204309950.70	1866680469.53
期末半成品										21894472.00	21894472.00
										226204422.70	1888574941.53

提示

系数分配法就是把各种联产品的实际产量乘以事先制定的各该联产品的系数,把实际产量换算成标准产量(如表7-8所示)。然后,按各联产品的标准产量比例来分配联合成本。其分配公式为:

分配给某种联产品的成本=联产品分离前的成本总额×(该种联产品的标准产量/联产品标准产量的总和)

如果上述公式中联产品分离前成本总额先除以联产品各种标准产量的总和,则可以求得平均单位成本,再乘各种联产品标准产量,即称为平均单位成本法。

(3)车间和班组成本核算与分析的程序

① 确定消耗项目,制定合理的消耗定额。

② 计算各项目的计划消耗量等。

③ 对各项目的实际消耗量进行记录、分类、统计和归集。

④ 计算各项目的实际消耗量。

⑤ 进行成本分析。

2. 车间和班组成本分析的主要内容

（1）原料及主要材料费用的分析

是指根据预算的原料及主要材料与实际原料及主要材料或与地区原料及主要材料预算价格来进行比较分析。影响原料及主要材料节超的主要原因是：量差（即材料的实际耗用量同预定额用量的差异）和差价（即材料的实际单价与预算单价的差异）。通过分析，可以找出是原料及主要材料发放管理上、个人操作上、原料及主要材料代用上等方面的原因，还是原料及主要材料原价、运输、采购及保管费等方面变动的原因，从而进一步挖掘节约原料及主要材料的潜力，降低原料及主要材料费用。

（2）直接人工成本分析

影响人工费节约或超支的主要因素有两个，即工日差（实际耗用工日与预算工数的差异）和日工资单价差（实际日平均工资与预算定额的日平均工资的差异）。据此可进一步分析工日利用情况、劳动组织等情况，工人平均等级变动、各种基本工资变动，以及工资调整等情况，通过这样的途径来寻找节约人工费的途径。

单位产品所耗工时变动的影响＝（实际工时－标准工时）×计划每小时工资成本

每小时工资成本变动的影响＝实际工时×（实际每小时工资成本－计划每小时工资成本）

（3）劳动力费用分析

化工生产计算成本时，经常把水、电、气分摊到各个工序中去。

（4）设备使用费分析

化工生产计算成本时，通常把设备的使用折旧费（大型设备使用期限5~10年）、维修保养的费用分摊到各个工序中去。

（5）生产管理费用分析

通常可把生产管理费的实际发生费用与预算收入数，或与计划支出数进行比较分析。为了详细了解管理费节超的原因，还应按各个费用项目进行比较分析。

3. 车间和班组生产成本分析的主要方法——比较分析法

比较分析法也称指标对比分析法，是指通过指标对比，从数量上确定差异而揭示企业财务状况和评价企业经营业绩的一种分析方法。它也是会计报表分析中最常用、最简便的一种分析方法，其他分析方法也是建立在比较分析法的基础上的。通过比较找出差异所在和差异程度，然后再应用因素分析法，对重点的有差异的项目做进一步的分析。

根据分析的目的和要求不同，比较分析法有以下几种形式.

（1）第一种 实际指标同计划（预算）指标比较，用来揭示实际与计划（预算）之间的差异，了解该项指标的计划完成情况（见表7-9）。

表7-9 甲企业201×年A产品生产成本实际指标与计划指标比较 单位：百万元

项目	实际值	计划值	差异额	差异率
直接材料费用	25	28	−3	−10.7%
直接人工费用	90	76	14	18.4%
制造费用	150	130	20	15.4%

其中，差异额＝实际值－计划值

差异率＝(实际值−计划值)/计划值

分析：由表7-9可知，甲企业201×年A产品直接材料费用实际消耗量比计划指标有所降低，而直接人工费用实际消耗量和制造费用实际消耗量比计划指标均有所增加，且差异额较大；说明企业下一步生产成本控制方面重点应放在直接人工费用和制造费用方面。

(2)第二种　本企业指标同国内外同行业先进指标比较，用于找出与先进企业之间的差距(见表7-10)。

表7-10　甲企业201×年A产品销售利润率与同行业先进的销售利润率指标比较

甲企业	同行先进水平	差异	差异率
5.2%	11%	−5.8%	−52.7%

其中，差异率＝(本企业水平−先进水平)/先进水平。

分析：由表7-10可以看出，甲企业A产品的销售利润率与同行先进水平相比较差距将近一半，需要认真分析原因，查明销售利润率下降的主要原因是产品成本提高所致，还是销售价格下降所致，以便采取措施，提高A产品的盈利能力。

(3)第三种　企业本期实际指标与前期(上期、上年同期或历史最好水平)实际指标进行比较，计算其变动数额、变动幅度，分析其变动原因、变动趋势及对未来的影响(见表7-11)。

计算公式：

变动差额＝本期数额−上期数额

变动幅度＝变动差额/上期数额

表7-11　甲企业A产品连续两年的两项财务指标比较

项目	上年	201×年	比较	
			差额	幅度
利润总额	87(百万元)	110(百万元)	23(百万元)	26%
销售利润率	5.4%	5.2%	−0.2%	−3.7%

由表7-11看出，甲企业A产品201×年比上年利润总额上升，经营成果增加，但销售利润率呈下降趋势，反映出该企业销售收入的增长大于利润的增长，应进一步查明成本费用增长过快的原因，以便采取相应的措施。

四、任务实施

任务实施可按照任务布置、准备、执行、评价、验收五个阶段进行，具体操作方法参照情景一中的任务实施部分，操作内容应结合本次任务进行。

【再次训练】完成上述任务之后，你能完成增项训练任务吗？(见"七、拓展训练1")

五、任务评价

任务完成情况的考核评分与情景一中的任务评价部分相同，以此为标准进行评价。

六、归纳总结

车间和班组成本核算首先要确定核算的对象，然后确定核算的内容，核算对象都是联产品。班组的核算内容是生产联产品的全部物资消耗和直接人工消耗，对于车间来说还包括间接制造费用。各种联产品分离前要将各种联产品为一个成本核算对象，汇集生产费用，核算各种联产品的总成本。对于联产品成本的分析，也是按其联产品的联合成本进行综合的分析。比较分析法是从数量上确定差异，从而揭示成本管理状况和评价生产业绩的一种分析方法。要求学生正确计算差异额和差异率并分析差异原因。其中，分析差异原因是难点，正确计算差异额和差异率是关键。

七、拓展训练

1. 增项训练：增加催化剂 7 吨，单价 18000 元/吨；生产用新鲜水 40.8 吨，单价 2.5元/吨；循环水 746704 吨，单价 0.24 元/吨；软化水 8149 吨，单价 8.50 元/吨；电 502000度，单价 0.55 元/度；3 班 10 月份消耗计划增加辅助材料 128000 元、动力 520000 元。

请你计算新增加的各承办项目实际值，并与前面练习的项目一起运用比较分析法进行成本分析。

2. 请根据下面的案例，完成如下任务：

（1）把表 7-12 中实际产量换算成标准产量；

（2）计算并完成表 7-13 中的内容；

（3）根据材料用系数分配法计算分离后各种联产品的个别生产成本。

【案例】　2011 年 9 月，某催化车间按照图 7-1 工艺流程生产出干气、液化气、汽油、柴油、油浆五种联产品（见表 7-12）。

表 7-12　五种联产品产量

联产品名称	产量/吨	系数	标准产量/吨
干气	661	0.20	
液化气	3018	0.60	
汽油	7186.4	1.00	
柴油	4705.4	0.90	
油浆	446.4	0.30	

9 月份各种费用资料：共消耗常蜡 13331 吨，单价 2330 元/吨；焦腊 2215 吨，单价2330 元/吨；常渣 1472 吨，单价 2002 元/吨；外蜡 14.2 吨，单价 2517 元/吨；消耗催化剂17 吨，单价 18000 元/吨；生产用新鲜水 40.8 吨，单价 2.50 元/吨；循环水 746704 吨，单价 0.24 元/吨；软化水 8149 吨，单价 8.50 元/吨；电 502000 度，单价 0.55 元/度；21 名生产工人的工资 164373 元，福利 20000 元。

表 7-13　联产品（分离前）各种费用　　　　　　　　　　　　　　　　单位：元

项目	原料及主要材料	辅助材料	燃料和动力	直接人工	合计
分离前综合成本					

八、课后训练

1. 知识训练题

（1）简述成本分析法。

（2）简述企业成本的构成。

（3）简述生产成本及其构成。

（4）简述期间费用及其构成。

（5）你对联产品是如何认识的。

（6）联产品是如何分类和归集的？特点是什么？

（7）化工企业车间和班组的生产成本时如何构成的？

（8）化工企业车间和班组生产成本核算的内容、特点是什么？程序有哪些？

（9）化工企业车间和班组生产成本分析的主要内容是什么？

（10）简述比较分析法及其主要形式。

2. 能力训练题

（1）举例说明化工企业车间生产成本的构成。

（2）请你调查某化工企业的一个车间，列出该车间连续两个月的原材料成本构成表，并进行分析比较。

参 考 文 献

1. 杨厚俊. 化工企业管理、安全和环境保护. 北京：化学工业出版社，2014.
2. 梁清山. 化工企业管理实务. 北京：化学工业出版社，2012.
3. 贾春玉. 工业企业管理. 北京：高等教育出版社，2007.
4. 冯俊华. 企业管理概论. 北京：化学工业出版社，2006.
5. 张卿，李增先. 工业企业管理. 北京：机械工业出版社，2006.
6. 张建军. 现代企业经营管理. 北京：高等教育出版社，2000.
7. 王方华. 现代企业管理. 第2版. 上海：复旦大学出版社，2007.
8. 方真. 化工企业管理. 北京：中国纺织出版社，2007.